POLIANA BRUNO ZUIN
CLÁUDIA RAIMUNDO REYES

O Ensino da Língua Materna

Dialogando com Vygotsky, Bakhtin e Freire

EDITORA
IDEIAS&
LETRAS

DIRETOR EDITORIAL:
Marcelo C. Araújo

EDITORES:
Avelino Grassi
Márcio F. dos Anjos

EDITOR ADJUNTO:
Edvaldo Manoel de Araújo

COORDENAÇÃO EDITORIAL:
Ana Lúcia de Castro Leite

COPIDESQUE:
Bruna Marzullo

REVISÃO:
Eliana Maria Barreto Ferreira

DIAGRAMAÇÃO:
Simone Godoy

CAPA:
Antonio Carlos Ventura

© Ideias & Letras, 2016
2ª impressão

EDITORA
IDEIAS&
LETRAS

Rua Tanabi, 56 – Água Branca
Cep: 05002-010 – São Paulo/SP
(11) 3675-1319 (11) 3862-4831
Televendas: 0800 777 6004
vendas@ideiaseletras.com.br
www.ideiaseletras.com.br

Dados Internacionais de Catalogação na Publicação (CIP)
(Câmara Brasileira do Livro, SP, Brasil)

Zuin, Poliana Bruno
O ensino da língua materna: dialogando com Vygotsky, Baktin e Freire / Poliana Bruno Zuin, Cláudia Raimundo Reyes. – Aparecida, SP: Ideias & Letras, 2010.

Bibliografia
ISBN 978-85-7698-064-3

1. Bakhtin, Mikhail Mikhailovitch, 1895-1975 2. Comunicação oral 3. Escrita 4. Fala 5. Freire, Paulo, 1921-1997 6. Linguagem antropológica 7. Linguagem e cultura 8. Linguagem e línguas – Estudo e ensino 9. Oralidade 10. Prática social 11. Vygotsky, Lev Semenovich, 1896-1934 I. Reyes, Cláudia Raimundo. II. Título.

10-00330   CDD-410.7

Índices para catálogo sistemático:

1. Língua materna: Oralidade e escrita:
Ensino: Linguística 410.7
2. Oralidade e escrita: Língua materna:
Ensino: Linguística 410.7

Para meu amor, Luís Fernando Soares Zuin, quem me ensina todos os dias, quem torna os meus sonhos possíveis e quem me emociona a cada dia.

Poliana Bruno Zuin

Para os grandes amores da minha vida – Younes, Gabriel e Rafaela – e a todas as minhas amigas que me ensinam a ser uma pessoa melhor a cada dia.

Claudia Raimundo Reyes

Sumário

Prefácio 9

Primeiras palavras 13

Introdução 15

**1. Contextualizando as relações
de ensino e aprendizagem da língua** 19
1. Introdução 19
2. O ensino da língua e as políticas públicas 19
3. O ensino e a aprendizagem da língua tal como ela
ocorre no cotidiano das salas de aulas. 24
4. Conclusão 32
Referências 32

2. Linguagem 35
1. Introdução 35
2. Considerações a respeito das teorias
de Vygotsky, Bakhtin e Freire 35
3. A linguagem na perspectiva da psicologia
histórico-cultural 63
   3.1. Linguagem escrita e linguagem oral 67
4. A linguagem e a Linguística da Enunciação 73

5. A linguagem na teoria de Paulo Freire 78
6. Mediadores socioculturais que influenciam
na aprendizagem da língua 81
   6.1. A família como primeira instância
mediadora da criança com o mundo 81
   6.2. Escola como lugar mediativo dos conhecimentos
científicos e cotidianos 82
   6.3. Professor: mediador intencional do educando
com o objeto de conhecimento 83
   6.4. Outros elementos "mediativos" 86
7. Dialogando com Vygotsky, Bakhtin e Freire sobre
a linguagem e a relação ensino-aprendizagem da língua 86
8. Conclusão 88
Referências 89

3. Ensino da Língua Materna 91
1. Introdução 91
2. Ensino da língua materna: concebendo a língua materna 92
3. A produção de textos na perspectiva da linguística 96
4. O ensino e a aprendizagem da gramática
na perspectiva da linguística 107
   4.1 O ensino e a aprendizagem da ortografia 111
5. Conclusão 115
Referências 116

4. Por um ensino da Língua Materna 117
1. Introdução 117
2. Importância do diálogo e da parceria
na relação ensino-aprendizagem 117
3. Trabalhando com textos 122

4. Trabalhando com a gramática 130
5. Conclusão 135
Referências 136

Considerações Finais 137

Referências 140

Prefácio

Aceitei com satisfação escrever o prefácio deste livro das professoras Poliana Bruno Zuin e Claudia Raimundo Reyes movida principalmente por uma das exigências da ação educativa-crítica por elas defendida. As autoras, duas pedagogas, veem no ensino da língua materna uma verdadeira educação das consciências que possibilita prática de infinitas transformações no educando.

Vivenciei plenamente a prática da educação transformadora quando tive oportunidade de ter um contato direto com Paulo Freire, como sua orientanda. Ela contribuiu significativamente para o melhor entendimento da teoria freireana, que foi silenciosamente iluminando pontos obscuros do meu dia a dia em sala de aula.

A presença de Paulo Freire enraizou-se em mim enquanto forma de pensar e encarar minha vida profissional, apresentando-se como um timão seguro: apontava a direção da transformação do educando; atuava no sentido da reapropriação do saber dos alunos para alcançar o saber institucionalizado; destacava a natureza social e dialógica da linguagem; pautava-se na construção do conhecimento através da interação, na competência do professor com qualidades políticas e epistemológicas. Com isso, pode-se afirmar que o pensamento de Paulo Freire continua vivo: suas ideias ecoam em todos os movimentos emancipatórios de renovação e transformação pedagógicas que conclamam para um ensino público mais humano, eficiente, de boa qualidade.

É com esses objetivos que as autoras percorrem, nesta obra, um sólido conteúdo teórico banhando, além da pedagogia de Paulo Freire, o campo de importantes filósofos, psicólogos da educação e da linguagem. É na teoria da Resistência, através da criticidade que evidencia a natureza dialógica da linguagem e seu papel na construção do conhecimento, que elas colhem os frutos de Bakhtin e se detêm no sociointeracionismo de Lúria e especialmente de Vygotsky. Tal caminhada leva o leitor à reflexão da importância de percorrer as concepções centradas no educando enquanto ser social: aquele que deverá conseguir se utilizar da modalidade escrita da língua não só para a comunicação, para ter acesso à informação com gradativa consciência e autonomia, mas também como um valor do ponto de vista de sua constituição, da valorização de seu "eu", passo decisivo para construir visões de mundo e produzir conhecimento.

De grande clareza é a articulação que as autoras estabelecem entre as teorias, aliando-as à idealização de uma prática que visa, de um lado, garantir acesso e permanência das crianças à escola com suas dificuldades regionais, linguísticas e econômicas e de outro proporcionar oportunidades para que elas aprendam a se utilizar da palavra escrita para "dizer" seu discurso interior, para compor seu texto internalizado a partir das relações histórico-culturais que as constituem. Assim as autoras, a título de ilustração, propõem, no último capítulo, alguns encaminhamentos para a prática dos professores do Ensino Fundamental, mostrando *como* trabalhar com o ensino da língua fazendo a tão necessária mediação entre teoria e prática. É uma demonstração clara de como é possível reproduzir em várias direções um ciclo aberto pelo texto: ora indo da fala para ele, dele para a leitura e escrita; do texto lido para a discussão e reescrita. E digo mais, o ciclo poderia continuar, após a reescrita, até a transformação e recriação de novos textos.

Nesta dinâmica, o ensino da língua pela produção de textos se integra, entre outras atividades, com a palavra, transforma-se em um permanente desafio à curiosidade e à crítica, pois se completa com as experiências e histórias dos alunos de vários modos: primeiramente porque em suas atividades as crianças entre si e as crianças em relação ao texto e seu autor se constituem em interlocutores reais assumindo diferentes papéis nessa interlocução; em segundo lugar porque este diálogo leva as crianças às extensões da escrita criativa ou às tensões da análise de sua realidade e, finalmente, quando se retira do processo de ensino e aprendizagem da língua a perspectiva subjetiva só da decodificação, abre-se para os alunos um projeto socializado de construção e reconstrução do texto em uma perspectiva social. Este livro, "O ensino da língua materna: dialogando com Vygotsky, Bakhtin e Freire", mostra bem que não é outro o espaço próprio da linguagem em qualquer de suas manifestações.

Eglê Franchi

Primeiras Palavras

Esta obra representa a concretude dos sonhos de duas pedagogas que veem nas palavras e no ensino da língua possibilidades de transformações infinitas no homem, não só no âmbito de suas relações sociais, mas, principalmente, nas mudanças profundas de seus pensamentos, atitudes e valores.

Durante a nossa formação, como pesquisadoras e professoras, o estudo das relações que envolvem o ensino e a aprendizagem da língua sempre nos motivou, pois a palavra, como fundadora do pensamento verbal, constitui nossa consciência.

Sendo a palavra e a linguagem, em sua forma mais ampla, responsáveis pela interação entre os homens e pela apropriação da cultura humana, é com imensa alegria que tornamos públicos nossos estudos sobre o ensino da língua, dentro da perspectiva histórico-cultural.

Poliana Bruno Zuin
Claudia Raimundo Reyes

Introdução

Compreender o papel que a linguagem e a língua desempenham nas relações sociais, na formação do homem e na constituição de sua consciência é essencial para a área de educação. O estudo da linguagem tem sido amplamente discutido por pesquisas acadêmicas; todavia, a linguagem desde há muito vem sendo objeto de estudo de filósofos e outros grandes estudiosos das diferentes áreas do conhecimento.

Vygotsky, Bakhtin e Paulo Freire são três autores que tiveram preocupação com essas questões se destacando nas teorias produzidas. Embora cada um deles enfoque a linguagem sob uma determinada perspectiva, é possível estabelecer um diálogo entre esses grandes pensadores também nas relações de ensino e aprendizagem da língua. Articular as teorias dos autores em questão, aliadas às discussões práticas do ensino e aprendizagem da língua, é o objetivo dessa obra.

Para tanto, buscamos, num primeiro momento, contextualizar as relações de ensino-aprendizagem da língua, mostrando como essas questões aparecem nas políticas públicas para o ensino e nos trabalhos acadêmicos produzidos a partir de relações cotidianas de ensino e aprendizagem dos conteúdos referentes a essa área do saber, ressaltando as diferenças existentes entre língua e linguagem e, por fim, como os professores vêm trabalhando essa temática no âmbito de suas práticas em salas de aula.

Num segundo momento, objetivamos conceber a linguagem e a língua segundo a teoria histórico-cultural, cujo principal representante é Vygotsky; a Linguística da Enunciação, cuja teoria é encabeçada por Bakhtin e, por fim, segundo os estudos de Paulo Freire acerca da Linguagem, apresentando os principais conceitos trabalhados nessas teorias. Evidenciamos, nesse mesmo capítulo, os mediadores socioculturais que influenciam o processo de apropriação da língua e a própria formação dos educandos, salientando a importância da família, da escola, do professor, da leitura, entre outros, nesse processo. Buscamos mostrar ainda o quanto a mediação intencional nesses âmbitos é decisiva aos processos de aprendizagem. Ainda nesse capítulo, estabelecemos um diálogo entre as teorias, salientando os principais pontos convergentes em termos de linguagem e ensino-aprendizagem da língua.

Num terceiro momento, abordamos o ensino da língua materna e as diferenças entre alfabetização e letramento, enfocando as relações de ensino e aprendizagem do trabalho com textos, com a gramática, ortografia e pontuação, fornecendo, assim, subsídios aos professores, educadores e estudantes sobre como devem ser as relações de ensino-aprendizagem de tais temáticas.

No quarto capítulo, apresentamos uma proposta metodológica norteadora de como os professores podem trabalhar os conteúdos abordados nesta obra, articulando as teorias dos autores em questão.

Para finalizar, apresentamos as considerações finais dos estudos abordados nesta obra, salientando a relevância do trabalho do professor como mediador intencional da aprendizagem da língua materna.

Esperamos que este livro possa ajudar milhares de professores que atuam no ensino fundamental com os processos de ensino-aprendizagem da língua materna.

1
Contextualizando as relações de ensino e aprendizagem da língua

1. Introdução

Neste capítulo objetivamos contextualizar o ensino da língua e a compreensão da linguagem no contexto histórico da educação brasileira. Para tanto, estudamos as políticas públicas para o ensino da língua, enfatizando as abordagens da mesma, tanto em termos conceituais quanto procedimentais. Realizado esse estudo, apresentamos uma revisão da literatura sobre as práticas de ensino e aprendizagem da língua que ocorrem no dia a dia da sala de aula.

2. O ensino da língua e as políticas públicas

Muitos são os trabalhos na área do ensino da língua. O enfoque nesse tema específico deveu-se às significativas mudanças na maneira de compreendê-la. Desde a década de 1980, iniciou-se uma discussão sobre apontamentos metodológicos a fim de se modificarem as práticas de ensino-aprendizagem da mesma.

Apesar das diretrizes curriculares contidas nas políticas para o ensino da língua, como trabalhar com seus conteúdos e quais desses conteúdos o professor deve ensinar continuam sendo algumas das indagações de muitos professores e objeto de pesquisa de inúmeros pesquisadores da área de ensino-aprendizagem.

Os responsáveis pelas políticas e pelo planejamento de práticas pedagógicas condizentes ao seu ensino há mais de 20 anos têm enfatizado a necessidade de pesquisas a fim de que se repense o processo de ensino-aprendizagem da mesma. Essa necessidade surgiu em decorrência do fracasso de alunos perante a relação ensino-aprendizagem da língua materna. A título de exemplificação, temos a Proposta Curricular para o Ensino da Língua Portuguesa do Estado de São Paulo da década de 80, que buscou reunir concepções diferentes, provenientes de pesquisas e teorias advindas da Linguística, contando com a participação de muitos professores de Ensino Fundamental e Médio.

Nesse período, a Coordenadoria de Estudos e Normas Pedagógicas (CENP) buscou proporcionar um intercâmbio entre essas diferentes experiências, publicando propostas curriculares, organizando cursos em convênio com universidades, organizando e auxiliando a formação de monitorias e representações de professores junto às Delegacias de Ensino e criando, por fim, o Projeto Ipê, que visava atingir diretamente, através dos meios de comunicação de massa e da publicação de textos, os professores da rede.

A Proposta Curricular para o Ensino de Língua Portuguesa, de 1988, orientava uma prática fundamentada numa concepção de linguagem como atividade humana, histórica e social. No corpo dessa diretriz encontra-se a seguinte descrição:

> A proposta de Língua Portuguesa não deve ser lida como uma solução, um receituário ou um rol de conteúdo a ser seguido; ela pretende, antes de tudo, ser um estímulo à reflexão, visando a uma mudança de ponto de vista e de ati-

tudes em relação à linguagem e a língua e a uma consciência do papel do professor de Língua Portuguesa, para que seja capaz de adequar suas ações a esse papel (Proposta Curricular para o Ensino de Língua Portuguesa, 1988, p. 12).

A linguagem é compreendida, nessa proposta, como um trabalho construtivo, um processo coletivo de que resulta, de um longo período histórico, o sistema linguístico e comunicativo utilizado em uma dada comunidade – a língua.

Nessa concepção, a linguagem é uma atividade sujeita a "regras", não somente regras relativas ao modo de construir e interpretar as expressões gramaticais, mas também regras para se conduzir uma conversação. O sujeito é um ser ativo, produtor de discursos e produtor da língua. Há, nessa abordagem, a consideração do contexto dos discursos e dos educandos. O documento alude também a dimensão discursiva e semântica da linguagem, definindo também a concepção de texto.

Segundo o documento, a atividade linguística não se faz nas palavras ou frases isoladas para análises e exercícios escolares; ao contrário, ela se realiza nos processos reais de comunicação como discurso ou texto. Desta maneira, texto significa todo discurso falado ou escrito que constitui um todo unificado e coerente dentro de uma determinada situação discursiva, ou seja, o que define texto não é sua extensão, mas uma unidade de sentido em relação a uma situação.

O documento refere-se a um outro aspecto não menos importante em relação ao texto. Isto é, qualquer texto, falado ou escrito, constitui-se pela interação dos interlocutores – falante ou ouvinte, autor e seus leitores –, envolvendo quem os produz e quem os interpreta. O documento enfatiza que há também uma atitude ativa e crítica dos interlocutores, devido a uma certa liberdade de se ultrapassarem os limites do texto, pois quem diz ou escreve e quem interpreta são coprodutores na construção do sentido do texto e corresponsáveis por relacioná-lo a uma determinada situação de fato.

Ainda que as orientações contidas na proposta curricular para o ensino da língua tenham sido das mais bem elaboradas (porque, como foi dito, contaram com a parceria de professores da rede particular e estadual, com a contribuição de trabalhos universitários, com a equipe técnica[1] de comunicação e expressão – Língua Portuguesa da CENP e a assessoria de Carlos Franchi), esta proposta curricular não vingou nas nossas escolas.

Em 1996, surgem os Parâmetros Curriculares Nacionais – PCNs –, com a mesma tentativa no âmbito nacional, isto é, fundamentar ou alicerçar práticas significativas do ensino da língua materna, ainda que de uma maneira mais sintética se comparada com a proposta curricular da década de 1980 do Estado de São Paulo. Já na *Introdução* do documento encontramos a preocupação da política em redirecionar as práticas pedagógicas, apontando a necessidade da reestruturação do ensino da Língua Portuguesa com o objetivo de encontrar formas de garantir, de fato, a aprendizagem da leitura e da escrita, uma vez que a aprendizagem da língua continuava ligada ao fracasso escolar.

De acordo com o documento, a quase totalidade das redes de educação pública desenvolveu sob a forma de reorientação

---

[1] A equipe técnica da CENP (Coordenadoria de Estudos e Normas Pedagógicas) era formada por vários profissionais renomados na área do ensino da língua, tais como: Carmem Silva Costa Coutinho, Cybele de Moraes Amaro, Lydia Bechara, Maria Aparecida Perini, Regina Maria F. E. Ivamoto, Sílvia Bruni e Therezinha de Lisieux Vasconcelos.

curricular ou de projetos de formação de professores em serviço a revisão das práticas tradicionais de alfabetização e ensino da língua, seja pela demanda, seja pela produção científica na área. Esse fato permitiu repensar questões que envolvem o processo de ensino-aprendizagem. Dessa forma, os PCNs são uma espécie de síntese do que foi possível aprender e avançar nas décadas de 1980 e 1990 em termos de linguagem e língua.

No corpo do documento está presente a seguinte definição de linguagem:

> A linguagem é uma forma de ação interindividual orientada por uma finalidade específica; um processo de interlocução que se realiza nas práticas sociais existentes nos diferentes grupos de uma sociedade, nos distintos momentos da história (Parâmetros Curriculares Nacionais, 1996, p. 7).

Sobre a concepção de língua, o documento a conceitua como um sistema de signos histórico e social que possibilita ao homem significar o mundo e a realidade. Aprender a língua significa aprender os seus significados culturais e os modos pelos quais as pessoas entendem e interpretam a realidade e a si mesmas. Estão presentes também outros conceitos como discurso, intertextualidade e um destaque para o trabalho com gêneros discursivos e produção textual.

Diante deste contexto, percebemos que houve, por conta dos órgãos públicos, incluindo aqui as secretarias de educação, intenção de desenvolver reorientação curricular à formação de professores em serviço a fim de revisar as práticas tradicionais de alfabetização e ensino da língua.

Numa análise mais detalhada dessas duas diretrizes curriculares, o que verificamos é que a proposta curricular do estado de São

Paulo para o ensino da Língua Portuguesa, além de trazer ao leitor uma melhor fundamentação teórica, dialogando com ele sobre cada conceito, traz ainda exemplos e conteúdos a serem trabalhados por série. Já nos PCNs, verificam-se apenas orientações gerais sobre o trabalho com o ensino da língua, o que leva os professores que não possuem formação nessa nova maneira de se conceber a língua a não entender as entrelinhas da proposta contida no documento.

Mais dez anos se passaram e mudanças efetivas na concepção do que é língua pouco ocorreram nas salas de aula. Novamente nos questionamos: Por que existe essa grande vala entre as políticas, as pesquisas e o que de fato ocorre nas salas de aula?

3. O ensino e a aprendizagem da língua tal como ela ocorre no cotidiano das salas de aula

Como pudemos identificar através de uma revisão bibliográfica, os trabalhos na área do ensino da língua apontam que ainda que novas propostas teórico-metodológicas preconizem o conhecimento da língua em detrimento do conhecimento de sua estrutura gramatical, as práticas de ensino nas salas de aula continuam voltadas para o conhecimento gramatical. Não que esse conhecimento não seja importante para a formação de um escritor competente, mas não é o único. Como afirmam alguns autores,[2] o domínio efetivo e ativo de uma língua vai além de uma metalinguagem[3] técnica por parte dos alunos em termos unicamente gramaticais. De acordo com esses autores, não se deve deixar de

---

[2] Possenti (1999).
[3] Análise da língua.

ensinar a gramática, mas mudar a forma do trabalho realizado com a língua. Saber a gramática é importante, mas não como análise fragmentada de frases sem um determinado contexto.

A questão fundamental que se põe por trás da aprendizagem da língua é, assim, o sentido e a significação, pois o domínio de uma língua é o resultado de práticas significativas e contextualizadas de seu uso. Para os estudiosos dessa área, é necessário que se faça uma distinção entre o seu conhecimento e o conhecimento de sua gramaticalidade.

C. Franchi (1991) ao discorrer sobre as várias concepções de linguagem enfatiza, primeiramente, que o homem não se comporta diante da linguagem como diante de uma instituição. Entretanto, algumas teorias, como o estruturalismo de Saussure, possuem essa concepção institucional de linguagem, uma vez que a esvaziam e privilegiam a língua como o conjunto das convenções necessárias adotadas pelo corpo social para o exercício dessa faculdade pelos indivíduos.

Nesse sentido, as relações de ensino-aprendizagem estão sempre determinadas por uma concepção teórico-metodológica, no caso da língua, a uma concepção de linguagem específica. Geraldi (1996) aponta para três concepções de linguagem: *a linguagem como a expressão do pensamento*; *a linguagem como instrumento de comunicação*; e, por fim, *a linguagem como forma de interação*. Grosso modo, essas três concepções de linguagem correspondem às três grandes correntes da linguística: a gramática tradicional, o estruturalismo e a linguística da enunciação.

A gramática tradicional[4] apoia-se na concepção de linguagem como expressão do pensamento, e do pensamento como

---

[4] C. Franchi (1988).

reflexo do mundo, ou seja, a estrutura da língua reproduz a estrutura do mundo: os modos de significar da linguagem correspondem aos diferentes arranjos em que as relacionamos. Nesse sentido, a análise gramatical segue paralelamente à análise do mundo.

No estruturalismo, cujo principal representante foi Saussure, a língua é vista como um código capaz de transmitir ao receptor uma mensagem. Nessa abordagem, a linguagem perde todo o caráter histórico de sua constituição, sendo o objeto da linguística apenas a língua. A fim de que fosse possível explicar o motivo da escolha de tal objeto, Saussure (1995) diferenciou a língua da linguagem. A língua seria um conjunto de convenções adotadas pelo social cuja finalidade é permitir o exercício da linguagem nos indivíduos; já a linguagem, ele a definiu como um conjunto de funções que permitiria a comunicação através do uso da língua, isto é, a linguagem englobaria os aspectos físicos, fisiológicos e psíquicos dos indivíduos.

Nesse sentido, a língua é, nessa abordagem, um princípio de classificação, pois se constitui como algo adquirido e convencional, ou seja, a língua é um instrumento criado e fornecido pela coletividade, um fato social, uma vez que todos reproduzirão os mesmos signos unidos e os mesmos conceitos. Conclui o autor que a faculdade de articular as palavras, dada pela linguagem, não se exerce sem a língua. Por essa razão, a língua não se constitui como uma função do falante, mas como o produto que o indivíduo registra passivamente.

Saussure complementa que a língua é a parte social da linguagem, exterior ao indivíduo, que por si só não pode criá-la nem modificá-la, isto é, ela existe por um "contrato" estabelecido socialmente. Salienta ainda que a língua é de natureza homogênea e se constitui num sistema de signos, é um objeto concreto que se encontra no cérebro dos indivíduos. Para esta afirmação, conclui:

> A língua existe na coletividade sob a forma duma soma de sinais depositados em cada cérebro, mais ou menos como um dicionário cujos exemplares, todos idênticos, fossem repartidos entre os indivíduos. Trata-se, pois, de algo que está em cada um deles, embora seja comum a todos e independa da vontade dos depositários (Saussure, 1995, p. 27).

Saussure diferencia a língua da fala, tomando a primeira como objeto da Linguística, pois, segundo ele, os atos de fala são combinações individuais, dependentes da vontade dos que falam, portanto não existe nada de coletivo na fala. Suas manifestações são sempre momentâneas e individuais. Dessa forma, o autor salienta com as seguintes palavras o objeto da Linguística:

> Pode-se, a rigor, conservar o nome de Linguística para cada uma dessas disciplinas e falar de uma linguística da fala. Será, porém, necessário não confundi-la com a Linguística propriamente dita, aquela cujo objetivo é a língua (Saussure, 1995, p. 28).

Nessa perspectiva, as produções de sentido ocorrem através da apropriação pelo indivíduo do sistema linguístico, isto é, pelo conhecimento dos signos e seus significados. A postura de ensino da língua baseada no estruturalismo enfatiza o ensino da gramática como essencial para a aquisição dos códigos. Não que a gramática não seja importante, é inclusive uma das dimensões da linguagem; todavia, não é a única (Saussure, 1995).

Na linguística da enunciação, a linguagem é caracterizada como um lugar de constituição das relações sociais, onde os falantes são os sujeitos. Através da linguagem o sujeito que fala pratica ações que não conseguiria praticar a não ser falando, de forma que o falante age sobre o ouvinte, construindo vínculos que não existiam antes da fala. Nessa concepção de linguagem, a língua existe na interlocução.[5]

Nesta abordagem, também entendida como um processo de mediação e interação, a semântica, ao invés da gramática, ganha papel de destaque. É a semântica que permite darmos sentido ao que falamos, o sentido que realmente buscamos conferir às enunciações, o que vai além do significado referencial. Nesse sentido, tanto Vygotsky como Bakhtin enfatizam a importância da semântica para os estudos da linguagem. Como veremos mais adiante, Vygotsky ao analisar a relação entre o pensamento e a linguagem, afirmava que o método deste problema não poderia ser outro a não ser a análise semântica, a análise do aspecto significativo da linguagem. A semântica pode ser entendida como a dimensão discursiva que depende inteiramente do contexto, das interações entre os falantes. Paulo Freire também privilegia a dimensão discursiva inserida no contexto.

Desta forma, percebemos que a linguagem não é apenas a língua e seu sistema de códigos; ao contrário, é uma criação cultural viva e que permite aos indivíduos interagir com o meio e consigo mesmo. Por esta razão, a linguagem é dinâmica, dialética e transformadora. Nesta concepção, a língua é o resultado da produção histórica e coletiva que constitui o ser humano; portanto, é impensável nesta teoria

---

[5] Geraldi (1996).

uma relação de ensino-aprendizagem que não relacione estas duas dimensões da língua: a referencial (significado) e a semântica (sentido).

Tomando esta terceira concepção de linguagem como a diretriz das propostas curriculares para o ensino da língua, os processos de ensino-aprendizagem, nesta perspectiva, buscam estudar as relações que se constituem entre os sujeitos no momento em que falam e não simplesmente classificar suas sentenças.

A linguagem, nesta concepção, é compreendida como um conjunto de práticas sociais em que as variações linguísticas, em todas as suas manifestações, são determinadas pelo uso que fazemos dela. Assim, produzir linguagem significa produzir discurso, e o discurso, quando produzido, manifesta-se linguisticamente por meio de texto que nada mais é do que o produto da atividade discursiva oral ou escrita, as quais formam um todo.[6]

Frente a essa preocupação, na área acadêmica pesquisas têm revelado a necessidade de se criar práticas de ensino-aprendizagem pautadas no processo de interação. Nessa abordagem, a linguagem acaba por se constituir um lugar de criação de significados e sentidos atrelados ao contexto no qual os indivíduos estão inseridos.

Sendo a linguagem constituidora da consciência humana, destacamos as produções de sentido e significado para a relação ensino e aprendizagem da língua.

Zuin e Reyes (2007) destacam a importância do processo de interação nas atividades de escrita. Salientam que a interação pode levar as crianças a trocarem informações e se conscientizarem a respeito das formas e usos da escrita, assim como a partilhar estratégias para coordenar as ações durante a atividade de escrever.

---

[6] Geraldi (2001).

Guimarães (1999) aponta a relevância da articulação entre a leitura e a escrita como práticas sociais que objetivam desenvolver a competência discursiva – leitora e textual – e a criticidade dos alunos, uma vez que a leitura e a escrita se complementam dialogicamente, levando o aluno ora a se posicionar como leitor, que interpreta, ora como locutor/produtor, que opina sobre o que lê através do texto impresso.

Smolka (1991), ao discorrer sobre a significação nas atividades de escrita, enfoca que as práticas escolares e discursivas devem ser um lócus (de produção) de significação. Conforme a autora, a noção de interação social tem sido considerada fundamental na elaboração do conhecimento, assim como a linguagem e o discurso têm sido vistos como fundamentais nessa elaboração. Contudo, salienta que as concepções de linguagem e o lugar do discurso são distintos nos vários modelos teóricos.

A autora, assim como nós, enfatiza a importância dos instrumentos e recursos de mediação nos processos de desenvolvimento e aprendizagem. Na mediação o que se coloca como essência é justamente a sua natureza social, isto é, a sua possibilidade da significação – da produção histórica de signos e sentidos – como meio/modo de relação que afeta e constitui as formas de sentir, pensar, falar, agir das pessoas em interação.

Silva[7] faz, em seu trabalho, uma breve discussão sobre sentido e significado, evidenciando que as práticas de leitura na escola estão muitas vezes associadas à procura de significados no dicionário. Diante do exposto, ressalta que o ponto crucial

---

[7] Dissertação de Mestrado de Maria do Pilar Cunha e Silva e orientação de Ana Luisa Smolka: *Os modos de compreensão e a leitura na escola*, Unicamp, 1998.

para a mudança dessas práticas pedagógicas em relação à língua materna está associada à concepção de linguagem.

Nesse sentido, como professores, é necessário assumirmos uma postura referente à linguagem com o pressuposto de que ela constitui a consciência humana. Contudo, todos esses autores salientam que embora tenhamos tido mudanças significativas referentes à maneira de se compreender o papel que desempenha a linguagem, as práticas pedagógicas do ensino da língua continuam sendo pautadas no estruturalismo.

Fonseca (1999) salienta a importância de se resgatar a questão da significação nos estudos linguísticos, na tentativa de incluir no seu objeto o sujeito, o mundo e a história, elementos excluídos por Saussure.

Carvalho (1984) relata que todo estudo de semântica deve recorrer necessariamente ao conceito de significação, um dos elementos que, segundo ela, constituem o signo linguístico ou palavra.

Smolka (1991), sob o enfoque do referencial de Vygotsky e Bakhtin, disserta sobre o papel do signo e da linguagem enquanto constituidoras das funções mentais superiores, de nossa consciência, portanto; evidencia a necessidade de articular linguagem-pensamento e contexto, como bem evidenciou Paulo Freire.

Araújo (2000), em sua tese, também discutiu a relação ensino-aprendizagem, evidenciando que as dificuldades encontradas pelo professor – e, consequentemente, o fracasso das atividades propostas – estavam associadas à carência de *significado* e *sentido* em sua prática, ou seja, ao caráter mediador de sua atividade no processo de apropriação de conhecimentos pelo aluno.

Tendo em vista os estudos das teorias de Vygotsky, Bakhtin e Freire, que concebem a linguagem como um processo de interação e constituição das relações sociais e, portanto, da constituição dos indivíduos e de sua consciência, é necessário que os professores, como mediadores intencionais, tenham o conhecimento da língua enquanto criação viva a fim de que possam mudar efetivamente as relações de ensino-aprendizagem desde o ensino fundamental.

4. Conclusão

Neste capítulo, buscamos evidenciar, por meio da contextualização do ensino e aprendizagem da língua, como ela vem sendo abordada pelas políticas públicas e professores, evidenciando que a língua e a linguagem são responsáveis pela interação entre os sujeitos, a formação do homem e de sua consciência, uma vez que é essencial para a comunicação e perpetuação da cultura historicamente construída. Evidenciamos a importância da escola e do professores como mediadores intencionais e responsáveis pela transmissão dos saberes científicos.

Referências

ARAÚJO, C. L. S. *O Esvaziamento da atividade mediadora do professor no processo de apropriação-objetivação de conhecimentos pelos alunos*. Tese de Doutorado, UNESP/ Marília, 2000.

CARVALHO, N. F. de. "Semântica gramatical: a significação dos pronomes". In: Alfa, v. 28. São Paulo, 1984, p. 43-62.

FRANCHI, C. *Linguagem e Gramática Constitutiva*. São Paulo: SEE/CENP, 1991.

_____. *Criatividade e Gramática*. São Paulo: SEE/CENP, 1988.

FONSECA, M. C. F. "Os limites do sentido da Matemática". In: *Educação e Pesquisa*, v. 25, n. 1. São Paulo, 1999, p. 147-162.

GUIMARÃES, E. *Os limites do sentido: um estudo histórico e enunciado da linguagem*. Campinas: Pontes, 1995.

MINISTÉRIO DA EDUCAÇÃO. *Parâmetros Curriculares Nacionais - 1º e 2º ciclos Língua Portuguesa*, Brasil, 1999.

SMOLKA, A. L. B. "A prática discursiva na sala de aula: uma perspectiva teórica e um esboço de análise". In: *Cadernos Cedes*, v. 20, n. 24. Campinas, p. 51-65, 1991.

POSSENTI, S. *Por que não ensinar gramática?* São Paulo: Editora Ática, 1999.

SECRETARIA DA EDUCAÇÃO. *Proposta Curricular para o Ensino de Língua Portuguesa*, 1988.

2
Linguagem

1. Introdução

Neste capítulo buscamos conceituar a teoria histórico-cultural, a Linguística da Enunciação e a teoria de Paulo Freire, a fim de dar subsídios teóricos à prática de ensino-aprendizagem da língua materna.

Portanto, num primeiro momento, fazemos algumas considerações acerca das teorias supracitadas, evidenciando os principais conceitos trabalhos por seus principais representantes, como conceitos de signo, de palavra, de ideologia e mediação. Num segundo momento, discorremos a respeito da linguagem para os três autores, como a relação entre a linguagem e o pensamento, a formação da consciência, diferenças entre escrita e oralidade e, por fim, o texto como realidade do pensamento e das vivências. Num terceiro momento, buscamos articular os três autores em questão.

2. Considerações a respeito das teorias de Vygotsky, Bakhtin e Freire

Vygotsky e Bakhtin são dois autores importantes na área da linguagem. Eram russos e produziram suas teorias no início do século passado (século XX), a fim de criar uma Psicologia e uma Teoria da Linguagem que considerassem os pressupostos filosóficos do novo sistema político e econômico que se implantara na antiga União Soviética (URSS), o regime socialista. O pressuposto filosófico que orienta a teoria desses autores é o materialismo-histórico de Karl Marx. Assim, algumas categorias desenvolvidas por Marx são de fundamental importância para a compreensão do pensamento desses autores. Entre elas, destacam-se as categorias de *mediação* e *ideologia*.

Segundo Ponzio (1998), o que diferencia esses dois teóricos de outros autores que tentaram construir diferentes teorias nesses dois campos é que eles partem de carências do marxismo no que se refere ao estudo da consciência, da linguagem e de formações ideológicas concretas, como, por exemplo, a arte. Conforme o autor em questão, ambos conduziram suas investigações na mesma direção, tentando determinar as características do objeto estudado, vendo mais além das fórmulas genéricas. Para tanto, recusaram aplicar superficialmente categorias como estrutura, superestrutura e classe para interpretar de forma mecânica a consciência, a linguagem e a ideologia.

Os dois autores possuíam interesse comum por problemas pertencentes a diferentes disciplinas, como a psicologia, a ciência da arte e da literatura, a filosofia da linguagem, a semiótica, entre outros. A questão dos objetos tratados por eles como a relação entre o individual e o social, a estrutura e a superestrutura, a consciência e a ideologia social, o signo e a ideologia vai além de cada um dos seus campos de estudo, pois os dois autores afirmavam a necessidade de um enfoque materialista-dialético na psicologia e na linguística, a fim de poder compreender a natureza histórico-social dos fundamentais processos psíquicos humanos. Nesse sentido, os estudos de Vygotsky e

Bakhtin implicavam desde a sua origem o problema do signo, isto é, a sua função e seu significado.

Segundo as teorias dos autores em questão (Vygotsky e Bakhtin), o signo é o principal mediador dos processos psíquicos, ou seja, a consciência do homem só se forma na interação social, de maneira que a categoria de mediação possui um papel relevante. Entretanto, Bakhtin enfatiza a importância da ideologia no signo, afirmando que todo signo é ideológico, "tudo o que é ideológico é um signo. Sem signos não existe ideologia" (1995, p. 31). Vygotsky (1995), por outro lado, verifica a importância dos signos como elementos que atuam no sistema psíquico do homem.

São os signos que permitem ao homem lembrar e perpetuar a cultura socialmente construída, sendo a linguagem a principal mediadora do homem com o mundo. Segundo Vygotsky (1993), o processo de mediação, por meio de signos, é fundamental para o desenvolvimento das funções psicológicas superiores, isto é, da relação entre o pensamento e a linguagem.

Ponzio salienta que tanto Bakhtin como Vygotsky opinam:

> que o específico das funções psíquicas humanas são os instrumentos produzidos e empregados dentro de formas sociais concretas, entre os quais tem que considerar também os instrumentos que se produzem para as necessidades de comunicação social, os signos e, sobretudo, entre eles a linguagem verbal. (...) os signos, a linguagem verbal em especial, não são só instrumentos de transmissão de significados, de experiências individuais já configuradas na sua organização sígnica, mas são também instrumentos de significação, de constituição das experiências individuais, dos processos mentais que, assim como os signos empregados, são também sociais (Ponzio, 1998, p. 66).

Diante do exposto, para ambos os autores, a categoria de *Mediação* é essencial para a formação do sujeito, de sua consciência, de sua individualidade. Nas teorias em questão, a linguagem destaca-se como principal mediadora e constituidora dos indivíduos.

A categoria de *mediação* é de fundamental relevância para o materialismo-histórico, pois é nas relações sociais que se constitui o sujeito. Dessa forma, o social possui um valor precípuo para esta teoria, pois a constituição do indivíduo ocorre por meio das mediações, sejam elas intencionais ou não. Segundo esse pressuposto filosófico, o indivíduo se constrói no contexto social em que vive e é através da interação com os outros que ele tem contato com instrumentos físicos e simbólicos, que nortearão seu pensamento e sua vida em sociedade.

Conforme a teoria marxista, a categoria de mediação é inerente ao trabalho e foi através dele que se complexificou, modificando não só o meio social, mas o próprio homem. Marx refere-se à mediação através do uso de instrumentos aplicados à atividade do trabalho, Vygotsky e Bakhtin atentam para a importância da mediação sígnica. O destaque desses teóricos em relação à mediação por meio dos signos refere-se, sobretudo, à complexificação da sociedade, tal como nos descreve Araújo (2000). Conforme a autora, as atividades mediadoras são inerentes à vida social, além de permitirem diferenciarmos o homem do animal.

Afirma ainda que, à medida que a sociedade foi se modificando e se complexificando, surgiram novas necessidades dos homens e, consequentemente, novas mediações, tais como atividades mediadoras através dos signos.

A mediação consolida-se como elemento propulsor, catalisador e configurador do complexo em que se constitui o ser humano, na medida em que o trabalho humano, que medeia a humanização do homem, se faz, necessariamente, mediado não só por forças essenciais da natureza, mas principalmente por infinitos elementos histórico-sociais aperfeiçoados a partir da apropriação e objetivação daquelas forças essenciais da natureza (Araújo, p. 24-25).

Vygotsky descreve dois tipos de atividades mediadoras: os instrumentos e os signos. A mediação por instrumentos, afirma, possui ligação direta com os postulados marxistas a respeito de sua importância como elemento interposto entre o trabalhador e o objeto de seu trabalho, ou seja, o instrumento é feito com o intuito de um objetivo específico; é, pois, um objeto social e mediador da relação do homem com o mundo. Já a mediação por signos é um outro meio inventado pela humanidade a fim de auxiliá-la no campo psicológico.

O signo age como um instrumento da atividade psicológica de maneira similar ao uso dos instrumentos no trabalho, porém o que os diferencia é que os instrumentos são externos aos indivíduos cuja função é provocar mudanças nos objetos; os signos, por sua vez, são orientados para o próprio sujeito, de modo a auxiliar os processos psicológicos de fora para dentro.

Os signos são marcas externas que auxiliam o homem em tarefas que exigem memória ou atenção. São interpretáveis como representação da realidade e podem referir-se a elementos ausentes no espaço e tempo presentes. De acordo com a teoria de Vygotsky, a memória mediada por signos é mais poderosa que a memória não mediada, pois o uso de mediadores aumenta a capacidade de atenção e de memória. Assim, o processo de mediação, por meio de signos, é fundamental para o desenvolvimento das funções psicológicas superiores descritas pelo autor em relação ao pensamento e à linguagem.

Segundo os teóricos em questão, os signos constituem a consciência. Entretanto, Bakhtin enfatiza o aspecto ideológico existente neles. Já Vygotsky ressalta a importância dos mesmos na mediação dos processos mentais superiores. Mas o que é *signo*?

Na definição de Bakhtin (1995), o signo é um objeto físico (por exemplo: imagem, palavra, gesto etc.) pertencente a uma determinada realidade, mas que, por ser ideológico, reflete e refrata uma outra realidade que lhe é exterior. Ou seja, um objeto natural torna-se um signo quando ele ganha um sentido na relação social que ultrapassa suas próprias particularidades. Como ele reflete e refrata uma outra realidade, pode distorcê-la; por isso, todo signo, afirma Bakhtin, está sujeito aos critérios de valor.

Para que seja possível entendermos essa "refração" da realidade, basta pensarmos na forma como os signos são utilizados pelos diversos campos ideológicos. Cada área do saber, por exemplo, explica o autor, utiliza os signos de acordo com a sua realidade, refratando a realidade à sua própria maneira. Entretanto, é seu caráter semiótico – isto é, os significados/conceitos, as generalizações – que coloca todos os fenômenos ideológicos sob a mesma definição geral, numa mesma categoria.[8]

Os signos, completa Bakhtin (1995), têm uma encarnação "material"; por isso, sua realidade é objetiva, uma vez que pertence ao mundo exterior. Assim, a consciência humana só surge e se afirma como realidade mediante a encarnação "material" em signo. Tais são as palavras do autor:

---

[8] Vygotsky (2001).

Compreender um signo consiste em aproximar o signo apreendido de outros signos já conhecidos, ou seja, a compreensão é uma resposta a um signo por meio de signos (Bakhtin, 1995, p. 34).

Podemos verificar na frase acima a categoria de mediação descrita por Marx e Vygotsky. De acordo com Bakhtin, os signos só emergem a partir do processo de interação social, assim como a consciência só se torna consciência quando se impregna de conteúdo ideológico no processo de interação social. A ideologia reside no material social particular de signos criados pelo homem. Sua especificidade reside no fato de que ele se situa entre indivíduos organizados, sendo o meio de sua comunicação. Para ele a consciência adquire forma e existência nos signos criados por um grupo organizado no curso de suas relações sociais.

O conceito de *ideologia,* como afirmam alguns estudiosos, é mais um conceito que dá margem a vários significados. Ideologia, segundo Marx (1977), é a tentativa do homem de explicar as coisas através das ideias. Como descreve o autor, é necessário partir dos fatos reais, ou seja, dos modos de produção para explicar os fenômenos, e não das ideias. Marx, ao definir os meios e os modos de produção, ao referir-se à estrutura social, relata que a mesma é composta pela infraestrutura e a superestrutura, sendo esta reflexo daquela. A infraestrutura é a base econômica de uma determinada sociedade; a superestrutura, as ideias, os costumes, valores, a moral, a religião, a política e toda a produção intelectual constituída por meio da linguagem sígnica. Ou seja, a ideologia encontra-se nessas formas de expressão da superestrutura e, consequentemente, na linguagem. Desta maneira, a existência do signo nada mais é do que a materialização da comunicação social, e é nisso, para o autor, que consiste a natureza de todos os signos ideológicos. Todavia, iremos conceituar ideologia a partir dos estudos de Bakhtin, uma vez que esse autor compreende como sendo qualquer signo ideológico, fazendo um movimento dialético entre a superestrutura e a infraestrutura.

A preocupação central de Bakhtin (1995) era descrever a realidade específica dos problemas ideológicos, porque a literatura marxista da época (final da década de 1920 e início da de 1930) considerava este fenômeno como manifestação da consciência e de natureza psicológica. Para ele era importante revelar em que medida a linguagem relacionava-se com a consciência, entendida como atividade mental, e até que ponto era determinada pela ideologia.

Em sua obra, *Marxismo e Filosofia da Linguagem*, Bakhtin (1995) admitiu como ponto de partida de sua investigação a possibilidade do desvelamento da ideologia, através do estudo do papel da língua, entendida como a realidade material da criação ideológica e não a ideologia como fenômeno da consciência.

Considerando que a ideologia só existe a partir dos signos e que tudo que é ideológico possui um significado que lhe é exterior, que reflete e refrata uma outra realidade, Bakhtin diz que

> o domínio ideológico coincide com o domínio dos signos: são mutuamente correspondentes. Ali onde o signo se encontra, encontram-se também o ideológico. Tudo que é ideológico possui um valor semiótico (Bakhtin, 1995, p. 32).

Com isso ele quer dizer que um corpo físico, um instrumento de produção, os objetos naturais, produtos tecnológicos e de consumo podem, sem deixar de fazer parte de uma realidade material, associar-se a signos ideológicos e significar alguma outra coisa, ultrapassando suas particularidades.[9]

O signo não existe apenas como realidade material; ele pode distorcê-la ou não, porque está sujeito aos critérios de avaliação ideológica, através de polos opostos (falso-verdadeiro, incorreto-correto, bem-mal, certo-errado etc.). Em outras palavras, ele é um reflexo dessa realidade e ao mesmo tempo um fragmento material dela. Por este motivo, a realidade do signo é totalmente objetiva e possível de ser estudada.

> Um signo é um fenômeno do mundo exterior. O próprio signo e todos os seus efeitos (todas as ações, reações e novos signos que ele gera no meio social circundante) aparecem na experiência exterior (Bakhtin, 1995, p. 33).

Criticando a filosofia idealista e a visão psicologista da cultura, que situam a ideologia na consciência, Bakhtin diz que a consciência só pode surgir como realidade por meio de uma encarnação material em signos e que por este motivo a compreensão só pode manifestar-se mediante um material semiótico. A concepção de compreensão por ele adotada é de que um signo é apreendido a partir de outros signos já conhecidos, assim, a cadeia de compreensão ideológica de um signo por outro meio de outro signo é única e contínua, um elo de natureza semiótica. Como os signos emergem do processo de interação

---

[9] Bakhtin exemplifica este fenômeno demonstrando como um instrumento de produção ou um produto de consumo podem ser convertidos em signo ideológicos (como, por exemplo, a foice e o martelo, quando associados ao emblema da União Soviética; ou o pão e o vinho, símbolos religiosos no sacramento cristão da comunhão).

de uma consciência a outra, a cadeia ideológica estende-se de consciência individual a consciência individual. Como isso, o autor quer dizer que

> a consciência só se torna consciência quando se impregna de conteúdo ideológico (semiótico) e, consequentemente, somente no processo de interação social. (...) No entanto, o ideológico enquanto tal não pode ser explicado em termos de raízes supra e infra-humanas. Seu verdadeiro é o material social particular de signos criados pelo homem. Sua especificidade reside, precisamente, no fato de que ele se situa entre indivíduos organizados, sendo o meio de sua comunicação. Os signos só podem aparecer em um terreno interindividual (Bakhtin, 1995, p. 35).

Por admitir que a consciência existe a partir dos signos criados nas relações sociais é que Bakhtin critica o positivismo psicologista e o idealismo. Para ele os signos são a matéria do desenvolvimento da consciência individual; como os signos estão impregnados de material ideológico, a existência da consciência só é possível por meio destes. Sem o conteúdo semiótico e ideológico, a consciência só existe como material fisiológico.

Além da consciência individual, os fenômenos ideológicos estão ligados às formas e às condições da comunicação social. Esta comunicação é possível de ser materializada através dos signos. A consciência individual tem sua origem determinada pelas relações interindividuais que se estabelecem dentro de grupos socialmente organizados. Por este motivo, Bakhtin (1995) considera a palavra fenômeno ideológico por excelência.

A realidade toda da palavra é absorvida por sua função de signo. A palavra não comporta nada que não esteja ligado a esta função, nada que não tenha sido gerado por ela. A palavra é o modo mais puro e sensível da relação social (Bakhtin, 1995, p. 36).

Por este motivo, Bakhtin coloca a palavra no primeiro plano no estudo das ideologias, uma vez que através dela é possível revelar as formas ideológicas da comunicação semiótica. Cada um dos diferentes domínios – científicos, morais, religiosos, culturais, políticos etc. – possui seu próprio material ideológico, que não é aplicável aos demais. Por isso, um signo criado em um dos domínios exerce esta função ideológica dentro dele e não em outros. A palavra, no entanto, pode exercer esta função ideológica nos mais diferentes domínios.

No plano da consciência, a palavra é o material semiótico do discurso interior. Como já dito anteriormente, a consciência não pode desenvolver-se se não dispõe deste material. Por exercer um papel de instrumento da consciência, a palavra é o elemento essencial que acompanha toda criação ideológica. Isso não significa que as palavras substituem os signos ideológicos, estes podem apoiar-se nas palavras para serem expressos por elas.

Uma das partes da comunicação social, a comunicação na vida cotidiana, está vinculada a todas as esferas ideológicas. Isto porque está ligada tanto ao processo de produção quanto às diversas esferas ideológicas específicas, por isso o especial interesse do autor pela ideologia do cotidiano.

Para a formação de um signo é fundamental que o objeto adquira uma significação no campo social e nas relações interindividuais. A modificação das formas concretas de interação da comunicação socioideológica no contexto do cotidiano interfere diretamente no signo. Em outras palavras, para um signo entrar no domínio da ideologia ele deve adquirir um valor social.[10]

Os índices sociais de valor são absorvidos pela consciência individual como sendo seus, ainda que sua natureza seja social. No âmbito da consciência individual, um pensamento se constitui apoiado no sistema ideológico que lhe for apropriado, anteriormente adquirido. Em seu sentido prático e cotidiano, a língua é inseparável de seu conteúdo ideológico. Assim, o pensamento, desde sua origem, pertence ao ideológico e ao psiquismo individual. Para delimitar o campo psíquico do ideológico, Bakhtin utiliza a seguinte explicação:

> É preciso dizer que toda expressão semiótica exterior, por exemplo, a enunciação, pode assumir duas orientações: ou em direção ao sujeito, ou, a partir dele, em direção à ideologia. No primeiro caso, a enunciação tem por objetivo traduzir em signos exteriores os signos interiores, e exigir do interlocutor que ele relacione a um contexto interior, o que constitui um ato de compreensão puramente psicológico. No outro caso, o que se requer é uma compreensão ideológica, objetiva e concreta, da enunciação (Bakhtin, 1995, p. 60).

A compreensão, portanto, é vista como um processo individual e interior, é uma atividade mental na qual um signo

---

[10] Todos os índices sociais de valor dos temas ideológicos chegam igualmente à consciência individual, que, como sabemos, é toda ideologia. Aí eles se tornam, de certa forma, índices individuais de valor, na medida em que a consciência individual os absorve como sendo seus, mas sua fonte não se encontra na consciência individual. O índice de valor é por natureza interindividual (Bakhtin, 1995, p. 45).

é esclarecido por meio de outros signos. O processo de compreensão de uma enunciação de outrem significa encontrar o seu contexto ideológico correspondente. Deste modo, a compreensão dos discursos produzidos é sempre particular e individual e orientada pela fala do locutor e as categorias prévias e historicamente incorporadas pelo interlocutor, uma espécie de diálogo em que a palavra une os interlocutores. *Compreender é opor à palavra do locutor uma contrapalavra.* Desta forma, existe uma sociedade inserida em um contexto histórico determinado na qual os homens produzem linguagem, a partir da qual constituem suas atividades mentais e suas compreensões através das interações sociais.

Para Bakhtin, a enunciação modela e organiza a atividade mental. Ela é um produto da interação de indivíduos socialmente organizados. A enunciação, portanto, é determinada pelas relações sociais; comporta elementos tanto do campo exterior quanto do interior, ou seja, tanto do psíquico quanto do ideológico. Em outras palavras, a atividade mental subjetiva se objetiva na enunciação. Por outro lado, a palavra, como material objetivo, subjetiva-se no ato de interiorização. De uma maneira ou outra, os valores sociais presentificam-se na palavra; ideologia e psiquismo se impregnam no processo das relações sociais:

> Sabemos que cada palavra se apresenta como uma arena em miniatura onde se entrecruzam e lutam os valores sociais de orientação contraditória. A palavra revela-se, no momento de sua expressão, como produto da interação viva das forças sociais. É assim que o psiquismo e a ideologia se impregnam mutuamente no processo único e objetivo das relações sociais (Bakhtin, 1995, p. 66).

O ponto central desta questão nos remete à noção de dialogia. Qualquer enunciação produzida só pode ser compreendida se entendermos sua relação com outras enunciações. As estruturas das enunciações têm sua natureza social.

> Qualquer enunciação por mais significativa e completa que seja, constitui apenas uma fração de uma corrente de comunicação verbal ininterrupta (concernente à vida cotidiana, à literatura, ao conhecimento, à política etc.) (Bakhtin, 1995, p. 123).

Neste contexto, as enunciações produzidas pelo falante estão diretamente relacionadas aos enunciados "alheios". Isto porque um enunciado não é apenas um reflexo de outro enunciado, mas sim uma criação relacionada aos valores do próprio indivíduo. É a assimilação da palavra do outro e ao mesmo tempo uma reelaboração das palavras próprias, um constante diálogo de enunciados.

A linguagem, portanto, é uma atividade de constituição dos sujeitos que se realiza na e pela interação verbal. Nesta relação do indivíduo com o outro há a construção de compreensões – temporárias e flexíveis – que permite a intercompreensão. Neste sentido, a aquisição da linguagem é um processo no qual se cruzam psicológico e ideológico, palavras próprias e palavras alheias.

A internalização da palavra alheia, a palavra do outro, é também a internalização de uma visão de mundo, repleto de valores, crenças e significados. Internamente, as palavras alheias perdem sua origem e se transformam em palavras próprias, as quais, unidas aos valores prévios, já internalizados pelos sujeitos, constituem um novo conhecimento, uma nova visão de mundo, numa cadeia ininterrupta de enunciados.[11]

A constituição do sujeito pela linguagem ocorre a partir das interações de que participa. Nestas interações ele assimila palavras alheias, internalizando signos, não só verbais, que circulam nas mais diversas interações que mantém com outros. Neste processo de interações com as palavras alheias, o sujeito passa por um processo de esquecimento da origem das palavras, de como elas foram internalizadas, transformando-se em conhecimentos e ideologias, que tiveram como ponto de partida as relações sociais.

Inspirado em Bakhtin e concebendo a constituição do sujeito pela linguagem, Geraldi (1996) nos explica como ocorre este processo:

> (...) a monologização da consciência resulta do processo de esquecimento das origens das palavras dos outros, para o sujeito inicialmente palavras alheias, depois palavras próprias-alheias, e somente no esquecimento da origens, palavras próprias. E essas resultam das diferentes articulações que com suas contrapalavras produziram uma interpretação das falas dos outros. Enfim, este é um sujeito constitutivamente heterogêneo, de uma incompletude fundante que mobiliza o desejo de completude, aproximando-o do outro, também incompletude por definição, com esperança de encontrar a fonte restauradora da totalidade nunca alcançada, construindo-se nas relações sociais,

---

[11] A polifonia em Bakhtin é revelada no jogo de vozes socialmente situadas e ideologicamente marcadas – a palavra própria revela a palavra do outro –; os enunciados de "um" estão repletos de enunciados de "outros".

entendidas estas como espaço de imposições, confrontos, desejos, paixões, retornos, imaginação e construções (Geraldi, 1996, p. 20).

Assim considerando, (que) a constituição da consciência se dá pela internalização da palavra alheia, redefinindo o sujeito do discurso como em uma constante movimentação de dispersão e aglutinação de vozes, que está no social e é, portanto, marcado por uma ideologia.

Em resumo, o objetivo da investigação de Bakhtin era revelar em que medida a linguagem relaciona-se com a consciência e até que ponto esta é determinada pela ideologia. Bakhtin admitiu como ponto de partida para sua investigação a possibilidade do desvelamento da ideologia através do estudo do papel da língua, entendida como realidade material da criação ideológica.

Um ponto central desta discussão é que o signo não é apenas uma realidade material, porque está sujeito aos critérios de avaliação ideológica. Para ele a formação da consciência surge como realidade, mediante a encarnação material em signos. Os signos, por sua vez, emergem do processo de interação entre as consciências e são a matéria do desenvolvimento da consciência individual. Eles estão impregnados de material ideológico, e, consequentemente, a consciência também está.

Os índices sociais de valor são absorvidos pela consciência individual como sendo seus, ainda que sua origem seja social. Este fenômeno é explicado através do processo de internalização das palavras alheias. Assim, a formação da consciência individual se constitui apoiada no sistema ideológico, tanto exterior, através da enunciação de outro, como interior, através de categorias prévias e historicamente incorporadas pelo sujeito. Ideológico e psicológico se unem na formação da consciência individual.

Nas contradições entre os valores sociais externos e internos, que se materializam nas palavras, através das relações sociais, é que o sujeito se constitui como tal. Nos enunciados produzidos por um sujeito estão contidos enunciados alheios. Assim, um enunciado, mais do que um reflexo de outro enunciado, é uma reelaboração da palavra do outro, que, relacionado aos valores prévios e internalizados pelo sujeito, constituem um novo conhecimento.

Nas relações que os sujeitos estabelecem com o mundo existem formas diferentes de compreendê-lo. Esta compreensão não se dá de forma pura, sem interpenetrações. Assim considerando, o enunciado de "um" não lhe é próprio de forma pura, mas construído socialmente, através dos enunciados de outros, o que faz com que as ideologias circulem entre os diferentes domínios das práticas sociais.

> Ao colocar os processos ideológicos no terreno das práticas significantes, não só estamos reconhecendo a especificidade de sua forma de existência, como também outorgando-lhe um estatuto de materialidade: as ideologias não se configuram no mundo da consciência, no domínio das ideias e impressões subjetivas. Elas possuem sua própria materialidade, que é a materialidade das práticas significantes: sua realização supõe condições de produção, reprodução, circulação e consumo num espaço social determinado (Magnani, 1978, p. 22).

Como produto dessas reflexões, temos um sujeito que assimila palavras alheias, que se transformam em conhecimentos e ideologias. Um sujeito que vive em contínuo processo de constituição. Um constituir-se heterogêneo, que se dá em uma constante movimentação de dispersão e aglutinação de vozes. Partindo desta compreensão, o convívio com o mundo é contraditório, cheio de relações interpenetráveis e interpretáveis, nas formações ideológicas e práticas que se inscrevem nos corpos e são por eles ditos e/ou escritos.

Com base nesta concepção vemos que o sujeito não ocupa um lugar definido rigidamente pela estrutura social, mas se constitui nos processos interativos de que participa; é capaz de recriar sua compreensão de mundo nas interações com outros homens e os meios disponíveis na vida cotidiana. Assim, a linguagem é um trabalho de construção, de reelaboração do vivido, que ao mesmo tempo constitui os sistemas simbólicos com os quais operamos e a realidade na qual atuamos.

> Um trabalho coletivo em que cada um se identifica com os outros e a eles se contrapõe, seja assumindo a história e a presença, seja exercendo suas opções solitárias (Franchi, 1988, p. 25).

Retomando os pressupostos apresentados por Geraldi (1996) para esclarecer a noção de sujeito por nós utilizada, encontramos: um sujeito constituindo sua consciência e seu conhecimento de mundo como resultado do processo de interação, interações ocorridas no contexto sócio-histórico e cultural, que permite ao sujeito constituir-se como tal e (re)construir a língua nos processos interlocutivos. Uma constituição que se dá pela internalização dos signos que circulam nessas interações.

O papel contínuo da comunicação social como fator condicionante não aparece em nenhum lugar de maneira mais clara e completa do que na linguagem. Bakhtin refere-se à palavra, afirmando que ela "é o fenômeno ideológico por excelência" (...). "É o modo mais puro e sensível da relação social" (Geraldi, 1995, p. 36). É na palavra, segundo o autor, que se revelam as formas ideológicas gerais da comunicação semiótica. O autor salienta que a palavra é o material privilegiado da comunicação cotidiana, revelando que é na conversação que as formas discursivas se situam.
   A palavra é, pois, um signo, é o modo mais puro da relação social. A palavra é também um signo neutro, porque ela é de domínio de todos, e nem sempre está carregada do conteúdo ideológico dos diferentes campos. Isto é, a palavra, como um signo neutro, pode ser entendida apenas como um conceito, um significado, pois esse significado independe dos sentidos que a ela são atribuídos. É também um instrumento da consciência, pois está presente em todos os atos de compreensão e em todos os atos de interpretação.
   Outro fato que merece ser elencado é que todo signo resulta de um consenso entre os indivíduos socialmente organizados no decorrer de um processo de interação. Ou seja, a forma do signo é determinada na interação social. Sendo todo signo resultado de um consenso entre os indivíduos socialmente organizados, todo signo linguístico é marcado pelo horizonte social de uma época e de um grupo social determinado. Entretanto, conforme o autor, é indispensável que o objeto adquira uma significação interindividual, pois somente assim temos um signo.
   Assim, o que faz da palavra uma palavra é a significação estabelecida socialmente através do consenso e discenso; a sig-

nificação constitui a expressão do signo, é a função do signo. O poder da palavra para a formação do homem e para a relação entre eles se define da seguinte maneira, segundo Bakhtin:

> A palavra (o discurso interior) se revela como material semiótico privilegiado do psiquismo. A palavra se apresenta como o fundamento, a base da vida interior. A exclusão da palavra reduziria o psiquismo à quase nada (Bakhtin, 1995, p. 52).

Percebemos que a grande questão que se impõe no signo e, por sua vez, na linguagem é a questão do significado e do sentido, isto é, aquilo que é uma categoria generalizada passível de compreensão num âmbito social mais geral, daquilo que é particular, de um campo da atividade mais específica e individual.

Para dissertar sobre as particularidades do significado e sentido, Vygotsky (1995) toma como objeto a palavra, aludida por ele muitas vezes como signo ou conceito. Segundo o autor, a palavra representa a unidade viva do som e o significado encerra em sua forma, como uma célula viva, as principais propriedades do pensamento linguístico. Vygotsky afirma que o som e o significado relacionados entre si constituem o signo, e por isso ambos não podem coexistir separados um do outro, tal como propunha Saussure. Essa separação deu lugar "aos resultados mais desoladores no estudo da estrutura fonética e semântica da língua", afirma ele (1995, p. 19).

Para o autor, o significado da palavra é a chave para o estudo da relação entre o *pensamento* e a *linguagem*, pois ele é a unidade do pensamento linguístico. É a unidade do pensamento, pois ela nunca se refere a um objeto isolado, mas a todo um grupo ou a toda uma classe de objetos. Devido a isso, salienta Vygotsky, em cada palavra está contida uma generalização. Desta forma, o significado da palavra é antes de tudo uma generalização. A generalização, de acordo com o autor,

> é um ato extraordinário do pensamento que reflete a realidade de forma radicalmente distinta de como refletem as sensações e percepções imediatas (Vygotsky, 1995, p. 21).

Portanto, o significado da palavra, que em seu aspecto psicológico é uma generalização, constitui um ato de pensamento e, ao mesmo tempo, é parte integrante da palavra, pertencente ao domínio da linguagem em igual medida que ao domínio do pensamento; é a unidade do pensamento linguístico – linguagem e pensamento. Assim, a palavra sem significado não é uma palavra, mas um som vazio deixando de pertencer ao domínio da linguagem.

Vygotsky ressalta que o método para estudar a linguagem não pode ser outro a não ser o semântico. Desta forma, o autor enfatiza a importância da linguagem, aludindo à função inicial que ela desempenha, que é a comunicação social, definida pelo autor como um meio de expressão e compreensão. O autor ressalta a importância da outra função da linguagem: a do pensar. Portanto, "o significado da palavra é a unidade de ambas as funções da linguagem na mesma medida que é a unidade do pensamento" (Vygotsky, 1995, p. 21).

Nesse sentido, reflete o autor, a comunicação imediata entre as mentes é impossível, pois a comunicação não mediada pela linguagem ou por algum outro sistema de signos não ocorre entre os homens, apenas com animais irracionais. De acordo com o autor, a comunicação baseada na compreensão racional e na transmissão premeditada do pensamento e das sensações exige necessariamente um determinado sistema de signos. Todavia, não basta um sistema de signos, afirma: é necessária a apreensão do significado para que seja possível uma troca linguística. Vygotsky ressalta que:

> A comunicação pressupõe necessariamente a generalização e o desenvolvimento do significado verbal, de forma que a generalização só ocorre quando se desenvolve a comunicação (Vygotsky, 1995, p. 22).

O autor recorre ao processo de formação de conceitos para estudar o significado das palavras, pois a palavra só adquire significação quando nela está contido o conceito. Assim, o autor salienta que o significado da palavra não é só a unidade do pensamento e da linguagem, mas também a unidade de generalização e comunicação, da comunicação e do pensamento; o significado é o conceito.

Suas investigações experimentais demonstraram que operando com o significado da palavra como unidade do pensamento verbal, temos a possibilidade efetiva de analisar o seu concreto desenvolvimento e explicar as principais características de suas diferentes fases, uma vez que os significados das palavras evoluem; é, portanto, no estudo do desenvolvimento e formação dos conceitos que o autor atribui à palavra a sua importância na constituição dos indivíduos.

Nesse sentido, como já enfatizamos, o elemento fundamental da linguagem na perspectiva histórico-cultural é a palavra, pois ela designa coisas; individualiza suas características, ações, relações; reúne objetos em determinados sistemas, codificando, assim, nossa experiência. A palavra como signo que referencia um objeto surgiu do trabalho, das ações com objetos e, segundo

Luria (2001), é na história do trabalho e da comunicação que devemos buscar as raízes do surgimento da primeira palavra. Nas etapas da pré-história humana, a palavra recebia sua significação somente inserida na atividade prática concreta. A palavra possuía somente um significado a partir de um contexto prático, sendo que este significado poderia ser mudado, ainda que o som fosse o mesmo, numa outra situação. Posteriormente, houve a emancipação da palavra do contexto prático ao sistema semântico, ou seja, houve a ocorrência de um sistema de signos.

O "sistema semântico" nada mais é que um sistema de signos enlaçados uns aos outros por seus significados e sentidos, formando um sistema comunicável que pode ser compreendido além do contexto; ou seja, "o sistema semântico" são os significados de todas as coisas que o homem criou a fim de se comunicar, como o alfabeto, os conceitos, entre outros. O autor ressalta que este caráter semântico autônomo dos signos, privado de qualquer contexto prático, aparece em sua forma mais desenvolvida na linguagem escrita. De acordo com Luria, a formação ontogenética da linguagem é, também, em certa medida, a emancipação progressiva do contexto prático e a elaboração de um sistema de códigos. O sistema semântico se caracteriza pela principal função da palavra: seu papel designativo, uma vez que cada palavra designa uma coisa, uma qualidade, uma ação ou uma relação. Essa função permitiu ao homem a evocação voluntária, isto é, dirigir não somente sua percepção e suas representações, mas também sua memória e suas ações.

Desta maneira, da palavra nasce não só a duplicação do mundo, mas também a ação voluntária. Graças a ela, o homem pode operar mentalmente com as coisas mesmo na ausência destas. A palavra assegura, portanto, a possibilidade de transmitir a experiência da cultura historicamente construída.

Com a aparição da linguagem como signos (significados e sentidos) que designam objetos, ações, qualidades e relações, o homem passou a adquirir uma nova dimensão da consciência, a abstração. Seria, portanto, incorreto pensar que a palavra é apenas um rótulo que designa um objeto, uma ação ou uma qualidade isolada.

Assim, a palavra não somente gera a indicação de um objeto determinado, mas também, inevitavelmente, provoca a aparição de uma série de enlaces complementares, que incluem em sua composição elementos das palavras parecidas com a primeira, pela situação imediata, pela experiência anterior etc. E é a essa "rede" de enlaces que o autor denomina de significado associativo. Desta forma, a palavra converte-se em elo ou nó central de toda uma rede de imagens evocadas por ela e de palavras conotativamente ligadas a ela; é justamente estes complexos de significados associativos que formaram um novo conceito denominado "campo semântico".

Mas a palavra também possui um significado categorial que sai dos marcos da referência objetal. Luria (2001) explicita que o significado categorial da palavra é a capacidade que a mesma tem, não apenas de substituir ou representar os objetos, não apenas de provocar associações parecidas, mas de analisar os objetos para abstrair e generalizar suas características. Desta forma, a palavra não apenas substitui uma coisa, ela também analisa, introduzindo-a em um sistema de complexos enlaces e relações. É a essa função que Vygotsky (1995) designou de generalização. Portanto, para o autor, as palavras, além de designar um objeto, efetuam um trabalho muito mais profundo: o de separar o traço essencial desse objeto e poder analisá-lo.

Ao generalizar os objetos, a palavra converte-se em um instrumento de abstração, que é a operação mais importante da consciência. E é precisamente por isso que, ao designar com uma palavra este ou outro objeto, nós o incluímos em uma determinada categoria. Isto significa que a palavra não é somente um meio de substituição das coisas, não é apenas uma referência objetal, tal como a entendia Saussure, mas é a célula do pensamento, precisamente porque a função mais importante do pensamento é a abstração e a generalização.

De acordo com Luria e Vygotsky, a generalização é a condição para a compreensão. Por exemplo, numa conversa entre duas pessoas, o locutor resgata uma cena e diz ao interlocutor: "Então o relógio caiu". Haverá a compreensão do que é relógio, ainda que o locutor tenha pensado num relógio de bolso e o que escuta em um relógio de mesa. A compreensão só é possível porque o objeto pertence a uma determinada categoria, o que permite ao falante transmitir uma determinada informação generalizada. Bakhtin (1995) refere-se a essa mesma questão quando coloca que a palavra é antes um signo neutro. Todavia, num exemplo similar, "Que horas são?", Bakhtin refere-se à significação e ao tema. O tema é entendido por ele como essa produção de sentido dada por um determinado contexto, mas que também só é passível de compreensão devido à significação. Nesse sentido, o significado e o sentido se entrelaçam nas enunciações e produções discursivas.

De acordo com Luria (2001), o significado das palavras é o resultado da experiência social; é um sistema estável de generalização, que se pode encontrar em cada palavra, igualmente para todas as pessoas. Junto a este conceito de significado os autores distinguem o sentido. Por sentido entendem o significado individual da palavra, separado deste sistema objetivo de enlaces; o sentido está composto por aqueles enlaces que têm relação com o momento e a situação, ou seja, o contexto. Os sentidos designam algo completamente diferente de pessoa para pessoa em circunstâncias diversas. Desta forma, uma mesma palavra possui um significado formado objetivamente ao longo da história e que, em forma potencial, conserva-se para todas as pessoas, refletindo as coisas com diferente profundidade e amplitude. Porém, juntamente com o significado, cada palavra tem um sentido que condiz ao contexto e às vivências afetivas do sujeito. Portanto, o sentido é o elemento fundamental da utilização viva, ligada a uma situação concreta afetiva por parte do sujeito, isto é, o sentido é a palavra viva e mutável.[12]

Leontiev (1978), num estudo sobre a consciência, averiguou que, no plano psicológico, o pensamento e a consciência individual em seu conjunto são mais amplos que as operações lógicas e os significados em cujas estruturas estão imersos, e os significados por si só não geram pensamentos, mas o mediatizam. Conforme o autor, os significados, ao serem comunicáveis, convertem-se em patrimônio da consciência dos indivíduos.

Nesse sentido, Leontiev alerta para o caráter dual dos significados para os sujeitos, diferenciando, assim, significado e sentido pessoal. Segundo o autor, os significados levam uma vida dual porque são produzidos pela sociedade, possuindo sua própria história no desenvolvimento da linguagem e no desenvolvimento das formas da consciência social; nele, ressalta, expressam-se o movimento da ciência humana e de seus recursos cognoscitivos e as noções ideológicas da sociedade. Nesta sua

---

[12] Luria (2001).

existência objetiva se subordinam as leis histórico-sociais e, por sua vez, a lógica interna de seu próprio desenvolvimento; por outro lado, os significados se individualizam e se subjetivizam, sem, contudo, perder a objetividade. Entretanto, "é o sentido pessoal que cria a parcialidade da consciência humana" (Leontiev, 1978, p. 20).

Desta forma, o sentido pessoal é sempre o sentido de algo, de forma que os significados não se realizam a si mesmos, mas no movimento do sentido pessoal. Por essa razão, a encarnação dos sentidos nos significados é um processo profundamente íntimo, de maneira que não há apropriação do significado sem o sentido pessoal.

Diante do exposto, verificamos que a categoria de mediação é essencial para a constituição dos sujeitos. Todavia, a linguagem, constituída por meio de signos criados pelo homem no seu processo histórico e de interação social, possui seu significado e seu sentido. Isto é, o significado permite ao homem compreender o outro, já o sentido se liga ao contexto. A ideologia existente no signo seria essa "refração" da realidade que se encerra no significado, evidenciando diferentes sentidos. Portanto, sendo a linguagem ideológica e sendo ela a mediação do homem com o mundo, cabe ao professor realizar um trabalho que evidencie esse caráter ideológico presente nos signos.

Essas questões, que foram objeto dos estudos de Vygotsky e Bakhtin, também foram as de Paulo Freire. Ainda que sob outro enfoque, Freire busca compreender essas questões no âmbito da educação, dos processos de ensino-aprendizagem.

A busca por essa compreensão fez com que o autor desenvolvesse uma teoria metodológica voltada aos processos educacionais de jovens e adultos, principalmente daquelas pessoas que foram excluídas pelo sistema: os analfabetos, os pequenos agricultores etc., ou seja, os oprimidos. Em *Pedagogia para a libertação* o autor busca, por meio de um processo de educação e conscientização, desvendar *junto* e *com* os educandos o caráter ideológico presente nos signos.

Utilizando o conceito de dialogia, o diálogo torna-se um procedimento metodológico de fundamental relevância dentro de sua teoria. Por meio do diálogo é possível que educador e educandos compreendam um ao outro, bem como sua relação com o mundo, sua inserção no mundo. Nessa perspectiva, a compreensão do outro considera o pressuposto de que cada sujeito possui um contexto, vivências e saberes que lhe são próprios e que o constituem como homem no mundo e com o mundo.

Nascido na década de 1920, Freire viveu quando jovem um contexto próprio: a época da Segunda Guerra Mundial e, mais tarde, o período militar no Brasil, quando foi exilado por seus pensamentos políticos, filosóficos e sobretudo educacionais. Sua preocupação com a educação se circunscreve em uma educação libertadora, homens e mulheres devem tomar consciência das relações sociais que os constituem. Isso implica a consciência de que o homem, enquanto sujeito histórico, que constrói a sua história, não é um ser condicionado, mas, ao contrário, um sujeito que se insere no mundo.

A conscientização dos educandos e dos oprimidos sobre as reais condições materiais leva-os a uma situação de emancipação e autonomia que lhes permite desvendar a ideologia por trás das relações. Essa tomada de consciência os leva à práxis, isto é, por meio de um diálogo problematizador, que os permita refletir, é tomada a consciência das desigualdades e injustiças, e das condições de opressão que os próprios homens impõem, levando a lutar e transformar tais relações.

Entendendo o ato de educar como um ato político, Freire relaciona educação e sociedade como um movimento dialético. Dessa forma, a alfabetização, pré-condição para a tomada de consciência da situação de opressão, ganha destaque em sua teoria.

A alfabetização proposta pelo autor, tal como veremos adiante, não é a decodificação e codificação de palavras e de seus significados. Ao contrário, é a tomada de consciência da relação da palavra com o mundo. Por isso, o autor diz que a decodificação, a leitura da palavra, é antecedida e mediatizada pela leitura do mundo.

Assim como para Bakhtin, Freire compreende que os signos e os instrumentos são criações humanas, e se o homem deixasse de existir o mundo deixaria de existir, uma vez que é o homem quem denomina tudo a seu redor. Portanto, a linguagem é fundamental na teoria do autor.

3. A Linguagem na perspectiva da psicologia histórico-cultural

Durante muito tempo, a psicologia não deu a devida importância ao papel que a linguagem representa na formação dos processos mentais da criança. De acordo com Luria e Yudovich (1979), quando os psicólogos estudavam o desenvolvimento dos processos mentais, não consideravam a gênese destes processos relacionados com as formas básicas de comunicação da criança com seu mundo circundante. Frente a esta problemática, a psicologia soviética, rejeitando as concepções contidas nas obras de behavioristas e de autores idealistas, formulou uma nova psicologia pautada nos pressupostos filosóficos e sociológicos do marxismo, conforme explicitado.

A consideração a) dos processos mentais infantis como produto da intercomunicação da criança com o meio, e b) da aquisição de experiências comuns transmitidas pela palavra passou a ser um dos princípios mais importantes da psicologia soviética.

Vygotsky (1993), ao estudar a relação existente entre o pensamento e a palavra nas primeiras etapas do desenvolvimento filo e ontogenético, constatou que no estágio inicial do desenvolvimento infantil há um estágio pré-intelectual no processo de formação da linguagem e um estágio pré-verbal no desenvolvimento do pensamento. O pensamento e a palavra não estão relacionados entre si através de um vínculo primário; contudo, surgem, transformam-se e crescem no transcurso do próprio desenvolvimento do pensamento e da palavra.

Entretanto, ainda que não haja um vínculo inicial entre tais processos, não significa que o estudo da linguagem e o do pensamento devam ser desconectados um do outro – pelo contrário, ambos constituem parte de um todo.

Vygostsky distingue dois tipos de pensamento, um natural e outro cultural. A transformação natural do pensamento para o cultural ocorre através da linguagem, precisamente quando a criança começa a falar, isto é, quando ela domina o sistema linguístico de sua comunidade.

Para estudar a relação interior entre o pensamento e a linguagem, o autor utilizou um método que desmembra a unidade complexa do pensamento discursivo em unidades várias, entendidas estas, como produtos da análise que não perdem as propriedades inerentes à totalidade e são suscetíveis de explicação, mas contêm em sua forma primária e simples aquelas propriedades do todo em função das quais se empreende a análise. A unidade a que ele chegou na análise contém, na forma mais simples, as propriedades inerentes ao pensamento discursivo enquanto unidade.

Dessa maneira, para investigar a união do pensamento e da linguagem, o autor estudou o significado da palavra que é, segundo ele, a unidade de ambos os processos, uma vez que a palavra carente de significado não é uma palavra, mas um som vazio. Portanto, o significado da palavra constitui a própria palavra, e o seu significado é *palavra vista de seu aspecto interno*.

No aspecto psicológico, o significado da palavra não é mais que uma generalização ou um conceito que são sinônimos entre si, pois toda generalização, toda formação de um conceito, constitui atos de pensamentos. Isto quer dizer que o significado da palavra é um fenômeno do pensamento apenas na medida em que ele esteja ligado à palavra e encarnado nela; é um fenômeno da linguagem apenas na medida em que a linguagem esteja ligada ao pensamento e iluminada por ela. Portanto, os significados das palavras também transformam.

Conforme Vygotsky (1993), a descoberta de que os significados das palavras se transformam superou as teorias psicológicas de até então, que afirmavam que a relação entre a palavra e seu significado era uma simples relação associativa, estabelecida graças às repetidas coincidências, na consciência da percepção da palavra e da coisa denominada por ela.

De acordo com o autor, a transformação da linguagem no seu aspecto semântico resultou-se inexplicável e impossível à linguística pelo fato de que neste campo – sob o enfoque da concepção associacionista – foi considerado o significado da palavra como uma associação entre uma forma sonora e o conteúdo do objeto ao qual se refere. Desta forma, todas as palavras estariam estruturadas da mesma forma, ou seja, no aspecto do sentido. O sentido da palavra se esgotaria na transformação do objeto a que se refere a palavra.

Tendo confirmado que o significado da palavra se transforma de acordo com o desenvolvimento da criança, foi constatado que as formas de pensamento também se transformam. Dessa maneira:

> A variabilidade do significado da palavra só se pode determinar quando se reconhece corretamente a natureza do próprio significado. Essa natureza se manifesta na generalização que constitui o conteúdo de cada palavra, seu fundamento e sua essência; toda palavra é uma generalização (Vygotsky, 1993, p. 295).

De acordo com o autor, a linguagem também se desenvolve em dois aspectos – o interior (semântico e significativo) e o exterior (o aspecto sonoro) – que formam uma unidade com suas próprias leis de movimento.

Na linguagem escrita, o pensamento se expressa através de significados formais das palavras, dependendo muito mais delas que na linguagem oral. Na linguagem escrita, pela ausência do interlocutor, o sentido daquilo que se escreve deve ser totalmente explícito, por isso requer mais palavras para expressar uma ideia do que na linguagem oral, em que os interlocutores estão participando do mesmo contexto, tal como veremos.

3.1. Linguagem escrita e linguagem oral

A diversidade funcional da linguagem tem-se convertido num dos problemas mais destacados pela linguística, uma vez que para ela a língua não é uma única forma de atividade verbal, mas um conjunto de funções verbais muito diversificadas. Hoje, no século XXI, o que mais temos é a comunicação pela imagem, e dizem alguns cientistas que esse tipo de comunicação transformou muito o pensamento de nós, seres humanos, que vivemos na cultura da forma e da imagem. Entretanto, nesse item, iremos nos ater à linguagem oral e à linguagem escrita.

Vygotsky diferencia a atividade escrita da atividade oral (também denominada pelo autor de diálogo), pois enquanto esta tem a possibilidade de expressão imediata e não premeditada, a outra necessita do uso de normas do significado estrito da palavra, exigindo do indivíduo um esforço intencional e consciente a fim de que esse possa fazer-se entendível, uma vez que o leitor não participa do contexto ao qual o escritor se refere.

A relação entre o homem e o mundo passa pela mediação do discurso, pela formação de ideias e pensamentos através dos quais o homem apreende o mundo e atua sobre ele, recebe a palavra do mundo sobre si mesmo e sobre ele-homem e funda a sua própria palavra sobre esse mundo.

Vygotsky (1991) salienta que a linguagem escrita é formada por um sistema de signos que identifica os sons e as palavras da linguagem oral, que são signos de objetos e relações sociais. A linguagem oral (como os dialetos, gírias, formas de expressão), explica o autor, pode extinguir-se gradualmente, já a escrita pode transformar-se em um sistema de signos que simbolizam os objetos designados, assim como as suas relações recíprocas. A linguagem escrita permite a comunicação além do tempo, daí a sua função como mediadora da cultura para a apropriação pelos sujeitos. Por tal razão, a escrita é um signo construído historicamente para mediar e registrar as produções da humanidade além do tempo presente.

A palavra escrita, assim como a oralidade, é um dos aspectos do desenvolvimento individual e cultural dos sujeitos e está relacionada com o domínio de signos externos.

Algumas correntes da psicologia consideravam a escrita simplesmente como uma complicada habilidade motora, dando pouca atenção a ela como um sistema particular de símbolos e signos cujo domínio prenuncia um ponto crítico em todo o desenvolvimento cultural da criança. A esse respeito, Vygostky disserta:

> (...) a linguagem escrita é constituída por um sistema de signos que designam sons e as palavras da linguagem falada, os quais, por sua vez, são signos das relações e entidades reais. Gradualmente, esse elo intermediário (a linguagem falada) desaparece e a linguagem escrita converte-se num sistema de signos que simboliza diretamente as entidades reais e as relações entre elas. Parece claro que o domínio de um tal sistema complexo de signos não pode ser alcançado de maneira puramente mecânica e externa; ao invés disso, esse domínio é o culminar, na criança, de um longo processo de desenvolvimento de funções comportamentais complexas. A única forma de nos aproximar de uma solução correta para a psicologia da escrita é através da compreensão de toda a história do desenvolvimento dos signos na criança (Vygotsky, 2001, p. 120).

O autor diz que a linha do desenvolvimento da escrita é uma linha descontínua, em contraposição à visão ingênua de que o desenvolvimento é um processo puramente evolutivo. Portanto, as questões propostas pelo autor e que norteiam sua investigação científica – que é revelar essa pré-história da linguagem escrita – são: mostrar o que leva a criança a escrever, revelando os pontos importantes pelos quais passa esse desenvolvimento pré-histórico, assim como a sua relação com o aprendizado escolar.

Essa história inicia-se com o aparecimento do gesto como um signo visual para a criança. Os gestos são a escrita no ar, e os signos escritos são simples gestos que foram fixados. Conforme o autor, existem dois domínios nos quais os gestos estão ligados à origem dos signos escritos. O primeiro é o dos rabiscos das crianças. A segunda esfera que liga os gestos à linguagem escrita é a dos jogos das crianças.

Os objetos podem, de pronto, denotar outros, substituindo-os e tornando-se seus signos; não é importante o grau de similaridade entre as coisas com que se brinca e o objeto denotado. O mais importante é a utilização de alguns objetos como brinquedos e a possibilidade de executar, com eles, um gesto representativo. Essa é a chave para toda a função simbólica do brinquedo das crianças.

> O próprio movimento da criança, seus próprios gestos, é que atribuem a função de signo ao objeto e lhe dão significado. Toda atividade representativa simbólica é plena desses gestos indicativos: por exemplo, para a criança, um cabo de vassoura transforma-se num cavalo de pau (Vygotsky, 2001, p. 112 e 123).

Assim, o brinquedo simbólico das crianças pode ser entendido como um sistema muito complexo de "fala" através de gestos que comunicam e indicam os significados dos objetos para brincar. É somente na base desses gestos indicativos que esses objetos adquirem, gradualmente, seu significado – assim como o desenho que, de início apoiado por gestos, transforma-se em signo independente. O objeto adquire uma função de signo, com uma história própria ao longo do desenvolvimento, tornando-se, nessa fase, independente dos gestos das crianças. A brincadeira do faz-de-conta é um dos grandes contribuidores para o desenvolvimento da linguagem escrita – que é um sistema de simbolismo de segunda ordem.

Assim como no brinquedo, também no desenho o significado surge inicialmente como um simbolismo de primeira ordem. Os primeiros desenhos surgem como resultado de gestos manuais; o gesto constitui a primeira representação do significado. É somente mais tarde que a representação gráfica começa a designar algum objeto.

Segundo Vygotsky, a conclusão mais importante tirada desse estudo do desenvolvimento é que, na atividade do brinquedo, a diferença entre uma criança de três e outra de seis anos de idade não está na percepção do símbolo, mas sim no modo como são usadas as várias formas de representação. Para o autor, essa é uma conclusão muito importante, pois indica que a representação simbólica do brinquedo é, essencialmente, uma forma particular de linguagem num estágio precoce, atividade essa que leva, diretamente, à linguagem escrita. À medida que o desenvolvimento prossegue, o processo geral de nomeação se desloca cada vez mais para o seu início, que, assim, passa a ser equivalente à escrita da palavra que acabou de ser dita.

Vygotsky (2001) cita Bühler e concorda com ele quando diz que o desenho começa quando a linguagem falada já alcançou grande progresso e já se tornou habitual na criança.

Em seguida, diz que a fala predomina no geral e modela a maior parte da vida interior, submetendo-a a suas leis. Isso inclui o desenho. Ou seja,

> o desenho é uma linguagem gráfica que surge tendo por base a linguagem verbal. Nesse sentido, os esquemas que caracterizam os primeiros desenhos infantis lembram conceitos verbais que comunicam somente os aspectos essenciais dos objetos (Vygotsky, 2001, p. 127).

Luria (2001) diz que o domínio da linguagem escrita faz com que ocorra uma grande transformação nas estruturas psicológicas superiores, graças à possibilidade de ler e enriquecer-se com todas as criações humanas no terreno da palavra escrita. Luria foi quem realizou experimentos sobre os traços que constituem sinais indicativos primitivos auxiliares do processo mnemônico.

Vygotsky, considerando a pesquisa de Luria, afirma que gradualmente as crianças transformam esses traços indiferenciados em pequenas figuras e desenhos, e estes, por sua vez, são substituídos pelos signos escritos. Assim, na linguagem escrita, a criança tem que compreender a criação de sinais escritos representativos dos símbolos falados das palavras. Para isso, a criança precisa fazer uma descoberta básica – a de que se pode desenhar, além de coisas, também a fala. Foi essa descoberta que levou a humanidade ao método da escrita por palavras, orações e textos.

Do ponto de vista pedagógico, essa transição deve ser propiciada pelo deslocamento da atividade da criança do desenhar coisas para o desenhar a fala. Vygotsky salienta que o segredo do ensino da linguagem escrita é preparar e organizar adequadamente essa transição. Uma vez que ela é atingida, a criança passa a dominar o princípio da linguagem escrita, restando a ela aperfeiçoar esse método.

Segundo o autor, tudo isso leva a crer que o processo de apropriação da linguagem escrita se desenvolve a partir de uma linha histórica unificada. Ou seja, é necessário que o professor compreenda que o processo de apropriação da escrita é longo, composto por um conjunto de aprendizagens necessárias até levar às normas estabelecidas socialmente. Portanto, a escrita deve ser ensinada como uma atividade social, que, sendo complexa, necessita de um ensino que seja "relevante à vida" (Vygotsky, 2001, p. 133). A escrita deve ter significado para a criança, para que ela se aproprie dessa linguagem entendendo que a sua aquisição é apenas mais uma das aprendizagens necessárias para a socialização, tal como a linguagem falada.

Para o autor, um dos grandes problemas da escrita é que seu aprendizado é realizado de maneira diferente da linguagem oral. Segundo ele, a escrita ocupa um lugar muito pequeno na escola, em relação ao papel que ela ocupa no desenvolvimento cultural e social dos seres humanos. Conforme o autor, seria necessário que a atividade de escrita levasse o aluno a fazer o uso efetivo, isto é, utilizá-la da mesma maneira que ela se apresenta no mundo social, tal como a língua falada.

Deste modo, é necessário que a escrita passe a ocupar um lugar de destaque na escola, assim como acontece na sociedade, isto é, a criança precisa adquirir o significado social da escrita como forma de interagir e comunicar-se; o texto seria essa forma.

Nesse sentido, apresentamos, neste livro, uma forma diferenciada de se ensinar a linguagem escrita. Para tanto, utilizaremos a definição de Bakhtin sobre o texto, pois esse é um conceito-chave em sua teoria.

4. A linguagem e a Linguística da Enunciação

Os postulados que orientam a teoria de Bakhtin também são o materialismo-histórico. Nesta perspectiva, a construção do sujeito enquanto indivíduo ocorre também por meio das relações sociais. A linguagem possui um fator primordial para a teoria em questão, pois ela é quem permite a comunicação entre os indivíduos e, portanto, a apropriação da cultura. Entretanto, essa apropriação não é passiva, pois ao mesmo tempo em que o sujeito se apropria da cultura ele a constrói. Mas qual o objeto da Linguística na visão de Bakhtin? O que é a língua e qual a importância que Bakhtin dá a ela?

O objeto de análise de Bakhtin é a língua, tanto a língua falada como a língua escrita. Segundo o autor, a língua é um fato social cuja existência se fundamenta nas necessidades de comunicação, sendo a enunciação a manifestação cultural do diálogo, ou seja, da própria comunicação.

A enunciação é descrita pelo autor como uma atividade de natureza social, e não individual, decorrente de um processo histórico, pois a fala está ligada às condições de comunicação, que por sua vez estão ligadas às estruturas sociais. Ou seja, a comunicação concreta ocorre sempre nas relações sociais.

A palavra, conforme o autor, "é o modo mais puro e sensível da relação social" (Bakhtin, 1995, p. 36). É na palavra que se revelam as formas ideológicas gerais da comunicação semiótica. O autor salienta que a palavra é o material privilegiado da comunicação cotidiana, revelando que é na conversação que as formas discursivas se situam. Posto isto, o que faz da palavra uma palavra é a significação estabelecida socialmente por meio de um consenso e dissenso. Segundo o autor, o poder da palavra para a formação do homem e para a relação entre eles se define da seguinte maneira:

> A palavra (o discurso interior) se revela como material semiótico privilegiado do psiquismo. A palavra se apresenta como o fundamento, a base da vida interior. A exclusão da palavra reduziria o psiquismo a quase nada (Bakhtin, 1995, p. 52).

Bakhtin (1995), fundamentado no mesmo pressuposto filosófico que os pensadores da teoria histórico-cultural, afirma que a linguagem apenas pode ser estudada se inserida na esfera única da relação social organizada. Ressalta ainda que para observar o fenômeno da linguagem é preciso situar os sujeitos – emissor e receptor do som –, assim como o próprio som, no meio social. Para tanto, é necessário que o locutor e o ouvinte pertençam à mesma comunidade linguística – a uma sociedade organizada – e que estejam integrados na situação, pois só assim, afirma o autor, é possível que haja uma troca linguística. Diante desse fato, conclui o autor que:

> A unicidade do meio social e a do contexto social imediato são condições absolutamente indispensáveis para o complexo físico-psíquico-fisiológico que definimos possa ser vinculado à língua, à fala, e possa tornar-se um fato de linguagem. Dois organismos biológicos, postos em presença num meio puramente natural, não produzirão um ato de fala (Bakhtin, 1995, p. 70- 71).

Na tentativa de delimitar a linguagem como objeto de estudo específico, Bakhtin faz referência a duas correntes da linguística geral. São elas: o subjetivismo idealista e o objetivismo abstrato.

Essa primeira corrente teórica tem como objeto a fala, que se constitui como o fundamento da língua. Nessa corrente as leis da criação linguística são as leis da psicologia individual. O fenômeno linguístico nesta concepção é um ato individual. A língua é, pois, uma atividade que se materializa sob a forma de atos individuais de fala. A língua, enquanto produto acabado e estável, apresenta-se como um instrumento pronto a ser usado. Mas compreende-se que não é um sistema linguístico acabado, no sentido de totalidade dos traços fônicos, gramaticais e outros, mas sim o ato de criação da fala, que é o que constitui a língua. Portanto, para o subjetivismo idealista, em todo ato de fala, o importante, do ponto de vista evolutivo da língua, não são as formas gramaticais estáveis, efetivas e comuns a todas as demais enunciações da língua em questão, mas sim a realização estilística e a modificação das formas abstratas da língua, de caráter individual e que dizem respeito apenas a esta enunciação.

A segunda orientação do pensamento filosófico-linguístico se refere ao objetivismo abstrato. Nesta tendência, o centro organizador de todos os fatos da língua, conforme Bakhtin, é o sistema linguístico nas suas formas fonéticas, gramaticais e lexicais da língua. Para esta concepção, cada enunciação, cada ato de criação individual é único e não reiterável, mas em cada enunciação encontram-se elementos idênticos aos de outras enunciações no seio de um determinado grupo de locutores. São justamente esses traços normativos para todas as enunciações que garantem a unicidade de uma dada língua e sua compreensão por todos os locutores de uma mesma comunidade. Assim, a língua para o objetivismo abstrato é um conjunto de formas que independe de todo ato criador e ação individual que se dá através da fala. É, pois, um produto de criação coletiva, um fenômeno social e, portanto, normativo para cada indivíduo.

Nas duas orientações expostas encontramos uma dicotomia entre fala e língua. Na primeira, considera-se como objeto da linguística a fala, desconsiderando o social como ponto fundamental para a constituição dos sujeitos. O individual possui primazia em relação ao social. Por outro lado, a segunda orientação toma como objeto da linguística a língua, cometendo o mesmo erro da primeira orientação, que é a separação entre a língua e a fala.

Saussure, o principal teórico dessa segunda corrente, distingue os atos individuais de enunciação da língua com as seguintes palavras:

> Separando-se a língua da fala, separa-se ao mesmo tempo: em primeiro lugar, o que é social do que é individual; em segundo lugar, o que é essencial do que é acessório e relativamente acidental. A língua não é função do sujeito falante, ela é um produto que o indivíduo registra passivamente; ela não supõe nunca premeditação e a reflexão aí só intervém para a atividade de classificação de que nos ocuparemos (Bakhtin, 1995, p. 86).
>
> A fala é, ao contrário, um ato individual de vontade e de inteligência no interior do qual convém distinguir: primeiramente, as combinações pelas quais o sujeito falante utiliza o código da língua para exprimir seu pensamento pessoal; em segundo lugar, o mecanismo psicofísico que lhe permite exteriorizar estas combinações (Bakhtin, 1995, p. 87).

Desta forma, a fala, de acordo com Saussure, não poderia constituir-se no objeto da linguística, pois a língua se opõe à fala como o social ao individual. Pensando nessa dicotomia existente, Bakhtin resgatou o princípio dialético na linguagem. Conforme o autor, a língua é um fenômeno puramente histórico e de evolução ininterrupta.

Bakhtin ressalta que a consciência subjetiva do locutor não se utiliza da língua como de um sistema de formas normativas. Pelo contrário, o sistema linguístico é o produto de uma reflexão sobre a língua, reflexão que não procede da consciência do locutor nativo e que não serve aos propósitos imediatos da comunicação. Para ele, na realidade, o locutor serve-se da língua para suas necessidades enunciativas concretas (para o locutor, a construção da língua está orientada no sentido da enunciação da fala). Trata-se, pois, de utilizar as formas normativas num dado contexto concreto. Para o locutor, o que importa é aquilo que permite que a forma linguística se configure num dado contexto, aquilo que a torne um signo adequado às condições de uma situação concreta dada.

O autor destaca ainda que o locutor deve levar em consideração o receptor. O essencial na tarefa de descodificação não consiste em reconhecer a forma utilizada, mas compreendê-la num contexto preciso, isto é, compreender sua significação numa enunciação particular. Portanto, na prática viva da língua, a consciência linguística do locutor e do receptor nada tem a ver com um sistema abstrato de formas normativas, mas apenas com a linguagem no sentido de conjunto dos contextos possíveis de uso de cada forma particular.

Desta forma, toda enunciação, mesmo na forma imobilizada da escrita, é uma resposta a alguma coisa e é construída com tal. Não passa de um elo da cadeia dos atos de fala.

Conforme o autor, a língua é inseparável desse fluxo de comunicação verbal ao mesmo tempo em que avança com ele.

A língua, pois, não se transmite, ela dura e perdura sob a forma de um processo contínuo. Ou seja, os indivíduos não recebem a língua pronta para ser usada, eles penetram na corrente da comunicação verbal. Portanto, o ato de fala ou, mais exatamente, seu produto, a enunciação, não pode de forma alguma ser considerado como individual no sentido estrito do termo; não pode ser explicado a partir das condições psicofisiológicas do sujeito falante, tal como sugeria o subjetivismo idealista. A enunciação é de natureza social.

Desta maneira, Bakhtin conseguiu mostrar a dialética presente também na linguagem. Assim, finalizamos esse pequeno texto que tentou mostrar que a história do desenvolvimento humano está estritamente relacionada ao desenvolvimento da linguagem e suas formas de manifestações sociais.

5. A linguagem na teoria de Paulo Freire

Assim como Vygotsky e Bakhtin, Paulo Freire salienta que o homem se constitui nas relações sociais ao mesmo tempo em que ele constrói a história, sendo a linguagem um conceito central em sua teoria.

Evidenciando a importância da comunicação para a interação entre os indivíduos, ele salienta que a comunicação permite aos homens se apropriarem da cultura historicamente construída. Desta forma, as relações sociais se estabelecem graças à linguagem que permite a comunicação entre os homens, tornando possível a apropriação dessa cultura.

A linguagem em sua teoria ganha destaque, sobretudo, no que diz respeito à alfabetização, ou seja, a aprendizagem da leitura e da escrita. Como bem evidenciou Vygotsky, Freire nos mostra a importância da linguagem como constituidora do pensamento e de nossa consciência e, por essa razão, ele ressalta a importância de uma alfabetização significativa, baseada no contexto e nas vivências dos educandos.

Essa teoria leva-o a criar um conceito na área de alfabetização em que a aprendizagem da linguagem escrita e a leitura da palavra se fazem por meio de uma inter-relação entre a leitura do mundo e a leitura da palavra. Aprender a leitura da palavra requer, antes, que se aprenda a leitura do mundo, a leitura do contexto, isto é, que o aprendiz se veja como sujeito de suas relações sociais e, por sua vez, sujeito de sua relação com o mundo.

Nesse sentido, o autor enfatiza que a leitura da palavra, da frase, de uma sentença ou de um texto jamais significou uma ruptura com a leitura do mundo. Todavia, a escolarização, por motivos políticos, econômicos e ideológicos, rompeu-a, dicotomizando a palavra escrita das vivências e experiências de seus educandos.

Freire (2006) salienta que a aquisição da linguagem e da língua se dá naturalmente; todavia, a aprendizagem da escrita e da leitura deve ocorrer relacionada às experiências da criança, ou seja, a leitura da *palavramundo* tal como ele a denominou.

Assim como Vygotsky e Bakhtin, a palavra só possui sentido se estiver correlacionada a um contexto em que a criança esteja inserida. Por isso, a necessidade de se alfabetizar por meio de palavras que façam parte do contexto dos aprendizes.

A aprendizagem da palavra escrita adquire um papel importante para o homem à medida que esse, enquanto sujeito histórico e cultural, tem a possibilidade de se apropriar da produção humana que se concretiza sob a forma da escrita. Vygotsky, em seus estudos, evidenciou que a escrita permanece, enquanto a oralidade se esvai. Ele se referia, com essas palavras, à escrita como documento e registro histórico da humanidade, por isso a escrita possui um importante papel em sua teoria.

Diante disso, o texto e a leitura na teoria de Freire ganham sentido à medida que ele evidencia que a aprendizagem da leitura e a sua importância se fazem a fim de suprir curiosidades. É também, assim como os outros, a partir do estudo da semântica que Freire propõe seu ensino da escrita e da leitura, é por meio de diálogos sobre textos que se remetem a contextos que o autor ensina a palavra.

O ensino da estrutura da língua, de sua gramática, deve ser a partir do estudo do texto. Vejamos:

> A regência verbal, a sintaxe de concordância, o problema da crase, o sinclitismo pronominal, nada disso era reduzido por mim a tabletes de conhecimentos que devessem ser engolidos pelos alunos. Tudo isso, pelo contrário, era proposto à curiosidade dos alunos de maneira dinâmica e viva, no corpo mesmo dos textos, ora de autores que estudávamos, ora deles próprios, como objetos a serem desvelados, e não como algo parado, cujo perfil descrevesse (Freire, 2006, p. 16-17).

Portanto, alfabetização, para o autor, consiste em um processo de ato criador de conhecimento cujo alfabetizando é um sujeito; portanto, possui a sua responsabilidade e criatividade durante o processo de construção de sua linguagem escrita e na leitura dessa linguagem. Conforme Freire:

A alfabetização é a criação ou a montagem da expressão escrita da expressão oral. Esta montagem não pode ser feita pelo educador para ou sobre o alfabetizando. Aí tem ele um momento de sua tarefa criadora (Freire, 2006, p. 19).

6. Mediadores socioculturais que influenciam na aprendizagem da língua

A categoria de mediação é fundamental nas teorias dos autores em questão e fundamental para a apropriação dos conhecimentos historicamente produzidos, bem como para a formação e constituição de nossa consciência. Todavia, sendo a língua o objeto de nosso estudo, procuramos mostrar a importância da família, da escola, do professor e da leitura na apropriação dos conteúdos referentes à linguagem oral e à linguagem escrita.

6.1. A família como primeira instância mediadora da criança com o mundo

A primeira instituição com a qual a criança tem contato é a família, sendo essa a responsável pela apreensão do mundo sígnico por parte da criança. Por meio da linguagem gestual e da oralidade daqueles que estão ao seu redor, a criança vai se apropriando do conhecimento humano que, tal como vimos, se manifesta sob a forma de linguagem.

A família é o primeiro e principal mediador da criança com o meio cultural; portanto, é por meio de tentativas de emitir sons que a criança vai aprendendo a falar. O mesmo ocorre com a escrita.

É interessante notar que a fala manifesta variedades linguísticas de acordo com os diferentes locais, manifestando-se, por vezes, num vocabulário próprio familiar, seja em relação ao léxico, seja em relação à pronúncia, à concordância etc., variedades essas bem evidenciadas por Travaglia (2001). A fala na sua variedade é o que permite notarmos o quanto o meio cultural exerce uma importante influência em nossa formação.

Assim como as demais aprendizagens de uma determinada cultura, a aquisição da linguagem pela criança se dá na sua relação com a família. Por essa razão, não raro a aprendizagem da leitura e da escrita ocorre no âmbito familiar. Quando isso ocorre a criança normalmente aprende de forma significativa, pois no ensino de seus familiares a *palavramundo* não é desvinculada do contexto ao qual a criança está inserida.

Isto posto, a mediação intencional dos familiares, sejam pais, avôs ou irmãos, é fundamental para a aprendizagem da leitura e da escrita das crianças. É por essa razão que grandes escritores, tal como Sartre e até mesmo Paulo Freire, evidenciam o importante papel de seus familiares no gosto pela leitura e pela arte de escrever.

6.2. Escola como lugar mediativo
dos conhecimentos científicos e cotidianos

A escola é a instituição responsável por transmitir os saberes científicos e sistematizados aos educandos. A escola é, portanto, a mediadora entre os saberes científicos e os saberes cotidianos.

No que se refere aos conhecimentos e conteúdos relativos à língua portuguesa, também denominada de língua materna, a escola deve ensinar a língua padrão (forma usual de se falar, escrever, de produzir textos etc.). Seu ensino deve ser prioridade e responsabilidade das nossas escolas, uma vez que ela é instrumento de poder e hierarquia social.

6.3. Professor: mediador intencional do educando com o objeto de conhecimento

O trabalho do professor é essencial para o processo de apropriação da língua escrita, pois é ele o responsável por mediar o conhecimento cotidiano e o conhecimento científico. Entretanto, é necessário que os professores tenham o conhecimento dos conteúdos relativos à língua portuguesa, assim como o conhecimento de como ocorre a aprendizagem de seus educandos, para que assim possam realizar um ensino eficiente.

É também premente que o professor tenha consciência da importância de seu papel como mediador de tal processo, e do porquê da necessidade de ensinar os conteúdos da língua materna.

Saber a língua materna – ainda que se fale a variação linguística do grupo, da região, do bairro, da família – é essencial para uma escrita correta. Falar a língua padrão é sem dúvida um dos aspectos preponderantes para a aprendizagem da língua escrita. E. Franchi (1991) diz ser essencial a compreensão do que a linguagem oral exerce na construção da escrita. No estudo realizado pela autora, suas conclusões evidenciaram que muitas vezes os sujeitos se distanciaram da escrita correta devido ao apoio na sua oralidade. Entretanto, quando há a mediação da professora ou de um familiar, a criança passa a ter um novo parâmetro com relação à escrita, isto é, a intervenção faz com que a criança vá para além da sua oralidade, permitindo que ela construa novas hipóteses sobre a escrita.

Desta forma, cabe aos professores valorizarem e ensinarem a língua padrão, de maneira a facilitar a escrita de seus alunos e contribuir para a sua aprendizagem. Assim sendo, o ensino da língua materna deve ser contextualizado, reflexivo, em conjunto, e, principalmente, o professor deve explicar sempre o porquê de tal ensino e aprendizagem.

Basso evidencia:

> O professor desempenha a mediação necessária entre o aluno e o conhecimento. Tanto Leontiev (1978, p. 271--273) quanto Vygotsky (1991, p. 97-101) apontam essa ação mediadora dos homens no processo de apropriação e objetivação. Esse conceito de mediação dos outros indivíduos, do grupo social entre o indivíduo que se forma e o mundo cultural, desenvolvido por Vygotsky e sua escola, é de suma importância para a compreensão do trabalho que se realiza na escola. (...) A mediação realizada pelo professor entre o aluno e a cultura apresenta especificidades, ou seja, a educação formal é qualitativamente diferente por ter como finalidade específica propiciar a apropriação de instrumentos culturais básicos que permitam elaboração de entendimento individual. Assim, a atividade pedagógica do professor é um conjunto de ações intencionais, conscientes, dirigidas para um fim específico (Basso, 1998, p. 25).

Dessa forma, o professor teria uma ação mediadora entre a formação do aluno na vida cotidiana em que ele se apropria, de forma espontânea, da linguagem, e a sua formação nas esferas não cotidianas da vida social, dando-lhes acessos aos saberes sistematizados.

Nesse sentido, a atividade do professor assume fundamental importância dentro do trabalho educativo, não só no que diz respeito à transmissão de conteúdos, mas também no que se refere à definição de fins, meios e escolha de valores que irão dirigir essa atividade de forma a transformar não só a realidade exterior, mas o homem em si, isto é, o seu modo de agir e pensar. Portanto, no trabalho educativo, atividade intencional implica para o professor não só o conhecimento das matérias pedagógicas a serem ministradas, mas também dos meios e dos fins propostos.

A intencionalidade na ação mediadora é explicada por Araújo (2000) como o estabelecimento de objetivos que norteiam a atividade realizada de determinada ação, isto é, o "por quê" e o "para quê", quase sempre esquecidos pelos professores. Afirma a autora que tal finalidade é demarcada por valores e concepções de homem e de mundo construídas historicamente, tendo por fim último levar o homem a ter "consciência da consciência", que nada mais é senão ter a consciência de que a individualização se constitui a partir do homem genérico e que a apropriação da cultura socialmente construída deve levar à transformação da ação, do pensamento, das formas de trabalho humano e da sociedade como um todo.

Assim, concluímos que para o ensino da língua materna é necessário que os professores dominem os conteúdos, que sistematizem o saber científico de forma a facilitar a aprendizagem dos alunos, sem esquecer de levar em consideração o contexto ao qual aqueles pertencem. Somente assim o professor será um mediador relevante deste processo e estará cumprindo a sua função política, isto é, dando acesso à produção humana.

6.4. Outros elementos "mediativos"

Com relação a outros elementos mediativos, quisemos ressaltar a importância das situações de letramento e da leitura da palavra como fundamentais para a apropriação de conteúdos relacionados à aprendizagem da língua.

O fato de vivermos em uma sociedade letrada faz com que todos tenham acesso à escrita, de diferentes formas. Mesmo as pessoas analfabetas acabam se letrando de alguma forma, seja através de símbolos expressos na mídia, seja através de *slogans*, panfletos ou outros, o que acaba por contribuir para que os alunos adquiram diferentes formas de escrita, auxiliando-os na ortografia, na aquisição de diferentes gêneros textuais etc.

Portanto, a função social da leitura e da escrita contribui decisivamente para a aprendizagem da leitura e da escrita. Isto posto, a leitura é também um importante mediador para a aquisição da escrita e a habilidade de ler a palavra e poder relacioná-la com a leitura do mundo.

Evidenciando o papel da família, da escola, do professor, das situações de letramento e das atividades de leituras, quisemos mostrar o quanto esses mediadores socioculturais podem influenciar decisivamente na aprendizagem dos conteúdos relativos à língua.

7. Dialogando com Vygotsky, Bakhtin e Freire sobre a linguagem e a relação ensino-aprendizagem da língua

Ao contrário de Bakhtin e Vygotsky, que, embora pertencentes a áreas distintas do conhecimento (Linguística e Psicologia) se preocuparam com questões relativas à educação, Paulo Freire foi um educador.

Assim como para os outros autores, o homem, na teoria de Freire, é um sujeito que se constrói na história ao mesmo tempo em que a produz. Diante desse pressuposto, como ocorre a apropriação do conhecimento historicamente produzido?

Conforme Paulo Freire (2001), os sujeitos, sendo históricos e inacabados, vão constituindo-se nas relações sociais e culturais, em meio ao processo de ensinar e aprender. O autor ressalta que historicamente os homens se conscientizaram de que era necessário trabalhar maneiras de ensinar, criando, assim, os métodos de ensino.

Diante dessa necessidade, o autor salienta que os processos de ensinar e aprender se inter-relacionam, pois no processo de ensinar já está contido o ato de aprender, de maneira que um inexiste sem o outro.

Nesse sentido, entendendo o ato de ensinar inter-relacionado com o ato de aprender, esse processo ocorre apenas por meio da linguagem ou comunicação, que, segundo o autor, se manifesta em forma de *diálogo*.

O diálogo, assim como salientam Vygotsky e Bakhtin, é a manifestação da palavra viva, sendo ela a responsável pela consciência dos homens. Freire, tal como Bakhtin, evidencia a ideologia presente nas palavras que se concretizam sob a forma de diálogo. Todavia, o autor salienta que o diálogo deve possuir um sentido político e conscientizador; por isso, o autor aborda a questão da necessidade de que haja um "diálogo problematizador".

Mas o que significa isso? Conforme Freire (2006), o sentido do diálogo problematizador seria o de levar o homem a tornar-se consciente da realidade que ele vive. Nessa perspectiva, o educador, como um mediador intencional, deve criar a possibilidade para a produção e construção do conhecimento. Na educação proposta por Freire, os educandos são sujeitos ativos, que constroem os conhecimentos no processo de interação. Assim, o diálogo entre educador e educando sempre permite a conscientização, que é o pensar de forma crítica sobre a realidade na qual estamos inseridos, sendo o dever dos educadores, em qualquer processo de ensino-aprendizagem, conscientizar os educandos de que, enquanto *sujeitos*, são eles que constroem a história.

Nesse sentido, Freire (2006) destaca que o mundo humano é um mundo de comunicação, ou seja, "na comunicação, que se faz por meio de palavras, não pode ser rompida a relação *pensamento-linguagem-contexto* ou *realidade*" (Freire, 2006, p. 70). A essa afirmação de Freire, Vygotsky salienta que a linguagem verbal fundamenta o pensamento.

Assim como Vygotsky, Freire salienta o papel de sujeito do educando, ressaltando que o educando possui seus conhecimentos e suas impressões sobre os fatos ao seu redor. Portanto, na aquisição da linguagem, na sua modalidade escrita, o aprendiz vai construindo hipóteses sobre a atividade de escrever. Diante desse fato, o educador deve ser um mediador do processo.

8. Conclusão

Neste capítulo buscamos conceituar a teoria histórico-cultural, a linguística da enunciação de Bakhtin, bem como a teoria-metodológica proposta por Paulo Freire. Por serem a linguagem e a língua os pontos centrais das teorias em questão, buscamos mostrar seus pontos convergentes, o que nos permite realizar um diálogo entre elas.

Dessa forma, a linguagem como responsável pela interação humana, pela constituição da consciência do homem, pelo desvelamento do mundo e das relações sociais, deve possuir um papel fundante da relação ensino-aprendizagem.

Referências

ARAÚJO, C. L. S. *O Esvaziamento da atividade mediadora do professor no processo de apropriação-objetivação de conhecimentos pelos alunos.* UNESP/ Marília, 2000.

BAKHTIN, M. *Marxismo e Filosofia da Linguagem.* São Paulo: HUCITEC, 1995.

BÜHLER, K. "O desenvolvimento intelectual da criança". In: VYGOTSKY, L. S. *A Construção do Pensamento e da Linguagem.* São Paulo: Ed. Martins Fontes, 2001.

FREIRE, P. *Pedagogia do Oprimido.* São Paulo: Paz e Terra, 46ª ed., 2006.

_____. *Pedagogia da Autonomia: saberes necessários à prática educativa.* 19ª ed. São Paulo: Paz e Terra, 2001.

GERALDI, J. W. *O texto na sala de aula – Leitura & Produção.* Cascavel: Assoeste, 1996.

FRANCHI, C. *Criatividade e Gramática.* São Paulo: SEE/ CENP, 1988.

LEONTIEV, A. N. *Actividad, conciencia y personalidad.* Buenos Aires: Ciencias Del Hombre, 1978.

LURIA, A. R. *Pensamento e Linguagem.* Porto Alegre: Artmed Editora, 2001.

LURIA, A. R.; YUDOVICH, I. *Linguagem e desenvolvimento intelectual na criança.* Porto Alegre: Artes Médicas, 1985.

MAGNANI, J. G. *Ideologia e Cultura Popular: um estudo do circo teatro nos bairros da periferia da Grande São Paulo.* São Paulo: FFCL – USP, 1978.

MARX, K. *A ideologia Alemã.* São Paulo: Zahar Editores, 1977.

PONZIO, A. *La Revolución Bajtiniana. El Pensamiento de Bajtin y la Ideologia Contemporánea.* Madrid Ediciones Frónesis: Cátedra Universidad de Valencia, 1998.

TRAVAGLIA, L. C. *Gramática e Interação: uma proposta para ensino de gramática no 1º e 2º graus.* São Paulo: Editora Cortez, 8º edição, 2002.

VYGOTSKY, L. S. *Obras Escogidas.* Madri: Visor, Tomo III, 1995.

_____. *Obras Escogidas.* Madrid: Visor, Tomo II, 1993.

_____. *Obras Escogidas.* Madrid: Visor, Tomo I, 1991.

3
Ensino da Língua Materna

1. Introdução

Neste capítulo buscamos conceber o que é a língua materna de acordo com estudiosos que compartilham da teoria da linguagem evidenciada nesta obra.

Após conceituarmos o que a língua portuguesa representa e qual o objetivo do seu ensino, trabalhamos com os conteúdos que fazem parte da língua, como: texto, gêneros discursivos, aspectos gramaticais – entre estes destacamos o ensino da ortografia. Ainda neste capítulo, buscamos diferenciar alfabetização de letramento, mostrando que os processos de letrar e alfabetizar devem ser conjuntos, tal como bem evidenciou Freire (2006).[13]

Desta forma, este capítulo é, também, um capítulo teórico sobre as relações de ensino e aprendizagem da língua materna, tal como poderemos observar nas páginas que seguem.

---

[13] O autor se refere à necessidade de ler o mundo para ler a palavra, evidenciando que o processo de letrar é anterior à alfabetização. Todavia, os dois devem ocorrer simultaneamente.

2. Ensino da língua materna: concebendo a língua materna

Na visão de linguistas,[14] o ensino da língua materna na escola tem como objetivo mostrar como a língua portuguesa funciona e quais os usos que ela tem. Para tanto, cabe à escola ensinar como a linguagem se caracteriza e como os alunos devem usar a língua em diversas situações, tanto na modalidade escrita como na oral.

Mazzeu (1992) delimita o conteúdo da Língua Portuguesa que cabe à escola transmitir. Segundo o autor, tal conteúdo consiste tanto nas informações e conhecimentos sobre a linguagem, especialmente a linguagem escrita, quanto nas habilidades necessárias para o uso efetivo da escrita na comunicação social. Todavia, é necessário que o aluno não só domine as técnicas usuais da comunicação escrita, mas também os significados dessas técnicas expressos através de determinados conceitos e regras gramaticais, desenvolvendo um sentido para essas técnicas que seja coerente com esses significados. Entretanto, não é desta maneira que a escola vem ensinando a língua materna.

A criança quando chega à escola já é um falante da língua, ainda que não saiba ler e escrever. Segundo Cagliari (1986), a criança não só sabe falar o português como também é capaz de refletir sobre a sua língua. Entretanto, as crianças acabam perdendo toda a sua capacidade de análise da linguagem oral assim que entram na escola, dado ao fato de que nela a escrita ortográfica é a base para avaliar se as mesmas sabem ou não escrever.

---

[14] Travaglia (2002), Faraco (1992), Franchi (1991) e Cagliari (1986).

Segundo o autor, a partir da análise de muitos erros encontrados nas provas e nas avaliações feitas pelos professores fica evidente que as crianças se apegam às formas fonéticas da língua, em lugar das ortográficas, fato que resulta na punição pelo professor. Daí o questionamento que faz o autor sobre a escrita ser um signo construído justamente para representar a oralidade. A escrita como representação da fala justifica um dos mais evidentes problemas com relação às normas ortográficas, pois o que conta para a escola não é a representação fonética que aparece nas palavras, mas o som da letra que aparece no abecedário.

    Ainda que o sistema alfabético tenha sido inventado para aproximar a escrita da fala, a língua varia ao longo do tempo e dos fatores sociais, geográficos, estilísticos etc. Tal fato permite-nos concluir que as dificuldades que as crianças possuem quando chegam à escola, nas chamadas classes de alfabetização, deve-se ao fato de a escrita ortográfica se fundamentar em regras que vão além da relação letra-som. Na visão de Travaglia (2002), sendo o objetivo do ensino da língua desenvolver a competência comunicativa de seus usuários, a escola precisa abrir-se à variedade linguística, e não ensinar apenas a linguagem denominada padrão. Desta forma, se se acredita que devemos falar de acordo com os diversos tipos de situações, as atividades de ensino-aprendizagem da língua materna devem considerar todos os tipos de variedades linguísticas, pois somente desse modo os alunos perceberão as diferenças fonéticas, tornando, assim, o momento da alfabetização um processo, e não um momento doloroso que leva, muitas vezes, o aluno à situação de fracasso.

    Desta maneira, um dos objetivos do ensino da língua materna, consiste no fato de o professor desenvolver a competência comunicativa dos usuários da língua. Portanto, a escola deve explorar a pluralidade de tais variedades.

O argumento descrito nos Parâmetros Curriculares de 1996, sobre como deve ser o ensino da língua, elucida que cabe ao professor instruir aos alunos que existem diversas maneiras de falar. Por tal razão, os alunos devem aprendê-las de forma que possam usá-las nas diferentes situações comunicativas. Nesta perspectiva, cabe aos professores trabalhar com a variação dialetal de forma a não prestigiar a língua culta, mas ensinar aos alunos tais variações linguísticas, enfatizando o poder que há por trás do dialeto culto e por que a escola deve também ensiná-lo.

Há inúmeras variações que ocorrem na língua falada, em contraponto ao que ocorre na língua escrita. Por este motivo, enfatizamos que os professores devem ensinar as normas ortográficas.

Os dialetos são as variedades que ocorrem em função das pessoas que utilizam a língua. Os estudos sobre variação linguística registram pelo menos seis dimensões de variação dialetal: a territorial, a social, a de idade, a de sexo, a de geração e a de função.[15]

As variações territoriais, geográficas ou regionais acontecem, sobretudo, pelas influências que cada região recebeu durante sua formação, manifestando-se em diferenças no plano fonético (isto é, na pronúncia, no timbre, na entonação, entre outros) e também no plano léxico.

Quanto aos dialetos na dimensão social, estes representam as variações que ocorrem de acordo com a classe social a que pertence o usuário da língua. Esta diferença ocorre devido à tendência de uma maior semelhança entre os membros de um mesmo

---

[15] Travaglia (2002).

setor sociocultural. É por tal razão que os jargões profissionais ou de determinadas classes sociais bem definidas como grupos fazem parte do dialeto na dimensão social. Travaglia (2002) diz que na variação social há inúmeros matizes, o que torna os dialetos sociais mais difíceis de definir e classificar. Neste tipo de variação linguística, fatores como nível de escolaridade, quase sempre relacionado à classe-social, demarcam tal dialeto.

Os dialetos na dimensão de idade representam as variações decorrentes da diferença no modo de usar a língua de pessoas de distintas idades, ou seja, são as diferentes maneiras de referir-se a uma determinada coisa entre pessoas diferentes. Alguns autores atribuem esta diferença também à classe social.

Na dimensão do sexo, os dialetos representam as variações de acordo com o sexo de quem fala. Algumas diferenças, segundo o autor, são determinadas por razões gramaticais, como certos fatos de concordância. Já outras são referentes ao uso de vocabulários e a certas construções verbais.

Em relação aos dialetos de geração, esses estão relacionados aos estágios do desenvolvimento da língua. Alguns autores[16] classificam esta diferença dialetal como variação histórica, uma vez que é possível percebê-la nos registros escritos.

Para finalizar, os dialetos na dimensão da função representam as variações da língua decorrentes da função que o falante desempenha, por exemplo, o uso do "nós" sinalizando a posição do povo.

De acordo com Cagliari (1986), a dificuldade dos alunos não está no fato de o Português apresentar uma variedade de dialetos com pronúncias diferentes, mas na forma como o ensino da língua tem sido realizado: o ensino da língua portuguesa, princi-

---

[16] Travaglia (2002).

palmente na alfabetização, deve lidar com a pronúncia. Ou seja, é necessário que a escola ensine a variação fonológica aos alunos, que não desmereça os diferentes dialetos e que enfatize o trabalho com produção textual, valorizando o sentido do mesmo.

O trabalho com o entendimento da língua, os seus significados e sentidos é essencial para uma aprendizagem significativa. A partir do momento que se trabalha com as diferenças dialetais, conscientizam-se os alunos sobre as dimensões histórico-culturais presentes na língua se remetendo sempre ao contexto de sua produção.

É partindo de um ensino significativo da língua, enquanto instrumento de interação que esperamos que os professores, ajam no cotidiano de suas salas de aulas.

3. A produção de textos na perspectiva da linguística

Para discorrermos sobre o que vem a ser texto, uma vez que nos embasamos na teoria da enunciação de Bakhtin, só poderíamos recorrer a ele e àqueles que compartilham do pensamento desse autor.

Conforme Bakhtin, o texto escrito ou oral é a realidade do pensamento e das vivências; assim, onde não há texto não há objeto de pesquisa e pensamento. "O texto é assim pensamentos sobre pensamentos, vivência das vivências, palavras sobre palavras, textos sobre textos" (Bakhtin, 2003, p. 307).

De acordo com o autor, todo texto tem um sujeito, um autor, seja o falante, seja quem o escreve, e, segundo ele, o problema do mesmo reside no enunciado, isto é, nas funções do texto e dos gêneros discursivos.

Bakhtin salienta dois elementos que determinam o texto como enunciado: sua intenção e a realização dessa intenção. A inter-relação dinâmica desses dois elementos é que determina o texto. Nesse sentido, o texto são enunciados inseridos na comunicação discursiva de dado campo, pois ele é a conexão de todos os sentidos de um determinado campo, uma vez que esses sentidos se realizam nos enunciados.

Segundo o autor, há relações dialógicas entre os textos e em seu próprio interior, pois em cada um está pressuposto um sistema universalmente aceito de signos e uma linguagem específica. Esse sistema corresponde a tudo o que é repetido e reproduzido, porém cada um, como enunciado, é individual e único, sendo aí onde reside todo o seu sentido, ou seja, sua intenção, o porquê de ele ter sido criado.

A individualidade do texto é inerente ao próprio, mas só se revela numa situação e na cadeia da comunicação discursiva de cada campo. Conforme Bakhtin, essa característica não está vinculada aos elementos repetidos do sistema da língua, mas a outros textos, a relações dialógicas e dialéticas peculiares. Essas relações residem no fato de ser ele escrito ou falado com o recurso do sistema da língua, e ao mesmo tempo por ser elaborado num contexto genuíno.

O texto, conforme o autor, diferentemente da língua enquanto sistema, nunca pode ser traduzido até o fim, pois não existe um potencial único para os mesmos. O acontecimento da vida do texto, revela, sempre se desenvolve na fronteira de duas consciências, de dois sujeitos. Nesse sentido, o diálogo é essencial no mesmo, uma vez que subjaz à complexa inter-relação do texto (objeto de estudo e reflexão) e do contexto emoldurado a ser criado, no qual se realiza o pensamento cognoscitivo do leitor.

É um encontro de dois textos – do texto pronto e do texto a ser criado, que reage; consequentemente é o encontro de dois sujeitos, de dois autores (Bakhtin, 2003, p. 311).

As ciências humanas são as ciências do homem, e não de uma coisa ou um fenômeno natural; por isso, o homem em seu caráter humano sempre exprime a si mesmo por meio da fala, por meio de textos. Nesse sentido, o autor enfatiza que a atitude humana é um texto em potencial, podendo ser compreendida exclusivamente no contexto dialógico. Por contexto dialógico entende que apenas no processo de interação o signo pode existir. Assim, "o texto é o representante do estilo, da visão de mundo, do tipo humano, cheira a contextos, nele há duas vozes, dois sujeitos" (Bakhtin, 2003, p. 312).

Bakhtin elucida ainda que compreender o autor de uma obra significa ver e compreender outra consciência, a consciência do outro e de seu mundo, ou seja, o outro sujeito. Para tanto, Bakhtin difere explicação de compreensão: enquanto na explicação só existe uma consciência, na compreensão há sempre duas consciências, dois sujeitos; a compreensão é, portanto, sempre dialógica. E, por assim ser, o texto é o reflexo subjetivo do mundo objetivo, pois é a expressão da consciência que reflete algo. Portanto, o objeto real de estudo, enfatiza Bakhtin, deve ser o homem social inserido na sociedade que fala e se exprime por meio de signos criados por ele próprio. Desta maneira, nesse jogo de contrários, entre o que é geral e o que é particular, caracteriza-se a teoria de Bakhtin sobre a linguagem e, mais especificamente, sobre os gêneros do discurso, pois o discurso do outro está em mim, a minha palavra é antes a palavra alheia, ainda que ela me seja individual graças aos diferentes contextos.

Como vimos em alguns momentos nos capítulos que antecederam a esse, Bakhtin afirma que o emprego de uma língua efetua-se sobre a forma de enunciados, sejam orais ou escritos. O termo enunciação é também empregado pelo autor como sinônimo de produção de discurso oral ou escrito. Conforme o autor, cada enunciado proferido é particular, mas cada campo de atividade discursiva elabora os seus tipos *relativamente estáveis* de enunciados, o qual denomina gêneros do discurso.

A diversidade dos gêneros discursivos é imensa, uma vez que é inesgotável a possibilidade do uso da língua nos vários campos da atividade humana.[17] O autor elucida que a linguística que precedia a sua teoria nunca colocou de forma adequada essa questão. Segundo ele, estudavam-se os gêneros literários e suas diferenciações no âmbito da literatura, e não como determinados tipos de enunciados, que são diferentes de outros mas têm com estes uma natureza verbal comum.

Bakhtin enfatiza a necessidade de estudar a natureza do enunciado e a diversidade dos gêneros, tanto no aspecto geral como no particular. O desconhecimento da natureza do enunciado e a relação diferente com as peculiaridades das diversidades dos gêneros discursivos, em qualquer campo, debilitam as relações da língua com a vida, uma vez que "a língua passa a integrar a vida através de enunciados concretos (que a realizam); é igualmente através de enunciados concretos que a vida entra na língua" (Bakhtin, 2003, p. 265).

Assim, os enunciados ou gêneros discursivos são compostos por três elementos que o constituem, sendo eles: estilo,

---

[17] Ainda mais nos dias de hoje, essa diversidade tem crescido e se diferenciado, devido à complexificação da sociedade da informação.

estrutura composicional e conteúdo temático. Esses elementos se relacionam no todo do enunciado e são determinados pela especificidade de cada campo da comunicação ou atividade.

Sobre o *estilo*, o autor pontua que todo estilo está ligado ao enunciado e às formas típicas de enunciação ou gêneros do discurso. Todo enunciado, seja oral ou escrito, é individual, podendo refletir a individualidade do falante ou escritor, o que permite termos estilos individuais; entretanto, há determinados gêneros que não são propícios para a manifestação desse *estilo individual*, como, por exemplo, gêneros discursivos que requerem uma forma padronizada, tal como a linguagem do Direito. Desta forma, o estilo integra a unidade de gênero do enunciado como seu elemento, sendo, portanto, indissociável de determinadas unidades temáticas e de determinadas unidades composicionais.

Estrutura composicional o autor entende como a forma ou a estrutura do enunciado, isto é, determinados tipos de construção do conjunto, como tipos de acabamento do discurso, tipos da relação do falante com o ouvinte, leitores ou parceiros, elementos gramaticais utilizados, construções de frases, utilização de determinados léxicos etc.

Com relação ao *conteúdo temático* o autor o caracteriza como sendo o conteúdo presente na enunciação ou enunciado, que remete sempre à produção de sentidos referentes a um determinado contexto. Assim, no conteúdo temático está sempre presente a relação entre o significado e os sentidos, uma vez que para o autor o *tema* ultrapassa os limites da significação, ou seja, o tema é a multiplicidade de produções de sentidos.

Diante do exposto, falamos por meio de determinados gêneros do discurso, isto é, todos os nossos enunciados possuem formas relativamente estáveis e típicas de construção do todo do enunciado. Segundo o autor, falamos sob o enfoque de determinados gêneros, ainda que o desconheçamos em termos teóricos, pois os gêneros nos são dados quase da mesma maneira como nos apropriamos da língua materna. O conhecimento da língua materna se dá pela forma de enunciações concretas que ouvimos e reproduzimos na comunicação viva com as pessoas que nos rodeiam; assim, as formas da língua e as formas típicas de enunciados ou gêneros do discurso chegam à nossa consciência em conjunto. Todavia, salienta o autor, é preciso dominar bem os gêneros para empregá-los livremente.

Quanto melhor dominamos os gêneros, tanto mais livremente os empregamos, tanto mais plena e nitidamente descobrimos neles a nossa individualidade (onde isso é possível e necessário), refletimos de modo mais flexível e sutil a situação singular da comunicação; em suma, realizamos de modo mais acabado o nosso livre projeto de discurso (Bakhtin, 2003, p. 285).

Bakhtin enfatiza que em cada enunciado sentimos a intenção discursiva de discurso ou a vontade discursiva do falante, sendo essa intenção determinante no todo do enunciado; é igualmente essa intenção que permite medirmos a conclusibilidade do enunciado. A vontade discursiva do falante se realiza, antes de tudo, na escolha de um certo gênero do discurso, sendo essa escolha determinada pela seguintes funções: especificidade de um dado campo da comunicação discursiva, considerações temáticas, situação concreta da comunicação discursiva, composição pessoal dos seus participantes etc. Portanto, a intenção discursiva do falante, com toda a sua individualidade e subjetividade, é em seguida aplicada e adaptada ao gênero escolhido.

Pensando no discurso como um processo dialógico do eu/outro, a relação ensino-aprendizagem da língua materna, fundamentada nesse dialogismo, deve, antes de tudo, considerar os sujeitos envolvidos no discurso como seres ativos, que possuem atitudes responsivas em relação ao discurso ouvido ou lido. Apenas nessa perspectiva podemos falar em dialogismo. Bakhtin, ao contrário de Saussure, que afirmava ser uma relação passiva a do ouvinte em relação ao falante, diz que o ouvinte, ao compreender o discurso do falante, ocupa simultaneamente uma posição responsiva a ele; segundo o autor:

> Toda compreensão da fala viva, do enunciado vivo, é de natureza ativamente responsiva; toda compreensão é prenhe de resposta, e nessa ou naquela forma a gera obrigatoriamente: o ouvinte se torna falante (Bakhtin, 2003, p. 271).

De acordo com o autor, a atitude responsiva do ouvinte nem sempre ocorre no momento em que o discurso é encerrado pelo falante; em alguns casos há uma compreensão ativamente responsiva de efeito retardado e, em outros, uma compreensão responsiva silenciosa. Conforme o autor, a maior parte dos gêneros escritos foi concebida para essa compreensão responsiva tardia. O próprio falante espera uma atitude ativa do seu ouvinte, uma resposta, concordância, objeção, participação, uma vez que todo falante é por si mesmo um respondente em maior ou menor grau.

Isso nos leva a concluir que o enunciado é a real unidade da comunicação discursiva, porque o discurso só pode existir de fato na forma de enunciações concretas de determinados falantes e sujeitos.

O discurso sempre está fundido em forma de enunciado pertencente a um determinado sujeito do discurso, e fora dessa forma não pode existir. Por mais diferentes que sejam as enunciações pelo seu volume, pelo conteúdo, pela estrutura composicional, elas possuem como unidades da comunicação discursiva peculiaridades estruturais comuns, e antes de tudo *limites* absolutamente precisos (Bakhtin, 2003, p. 274-275).

Os limites de cada enunciado são definidos pelo autor pela alternância dos sujeitos do discurso, ou seja, o falante termina o seu enunciado para passar a palavra ao outro e dar lugar à sua compreensão ativamente responsiva. Nesse sentido, o diálogo é a forma clássica de comunicação discursiva. A alternância dos sujeitos no diálogo ocorre por meio da réplica, e, por mais breve e fragmentária que seja, possui uma conclusibilidade específica, uma vez que o falante assume e exprime uma posição que suscita uma resposta do ouvinte, podendo este assumir uma atitude responsiva.

A alternância dos sujeitos do discurso elucida o autor, que emoldura o enunciado e cria para ele a massa firme delimitada dos outros enunciados a ele vinculados. Essa é a primeira peculiaridade constitutiva do enunciado como unidade da comunicação discursiva, que distingue da unidade da língua. A segunda peculiaridade, vinculada à primeira, é a conclusibilidade do enunciado. Essa é uma espécie de aspecto interno da alternância dos sujeitos, podendo ocorrer precisamente porque o falante disse ou escreveu tudo o que queria em dado momento e em certas condições específicas.

O enunciado acabado é o que assegura a possibilidade de resposta ou de compreensão responsiva. Essa "conclusão" é determinada por três elementos ligados ao todo do enunciado: exauribilidade do objeto e do sentido; projeto de discurso ou vontade do discurso do falante; formas típicas composicionais e de gênero do acabamento.

A exauribilidade semântico-objetal do tema do enunciado é bastante diversa nos diferentes campos da comunicação discursiva. Nos gêneros em que há uma natureza padronizada essa exauribilidade é quase plena, como, por exemplo, no campo das ordens militares e produtivas. Já nos campos da criação, como o campo científico, a exauribilidade semântico-objetal é muito relativa.

O professor do ensino da língua materna que trabalha com produção de textos deve mostrar aos seus alunos os tipos relativamente estáveis de gêneros do discurso. Deve, ainda, estar atento ao conteúdo temático dos enunciados dos seus alunos. Nesta abordagem teórica, o diálogo estabelecido entre produtor e leitor / falante e ouvinte deve ultrapassar o código e a estrutura composicional do texto. Quando se pensa num ensino com produção de textos, deve-se atentar para o fato de que a língua se insere no processo de interação social, portanto, tanto o produtor quanto o leitor, ou tanto o falante quanto o ouvinte trazem, em suas produções, seus contextos, suas memórias e suas leituras de mundo. Pensar na linguística da enunciação é pensar na relação do eu-outro conectado com um contexto mais amplo, que é o aspecto social no qual se inserem os produtores/leitores ou falantes/ouvintes.

Desta forma, quando pensamos em enunciados o outro já está presente na sua própria constituição. Conforme Geraldi (2003), produzimos textos para o outro. Nesse sentido, o outro não se inscreve no texto apenas no seu processo de produção de sentidos dado pela realização da leitura; ao contrário, o outro se insere já na produção como condição necessária para que o texto exista. E é porque se sabe do outro que um texto acabado não é fechado nunca em si mesmo, pois seu sentido, por maior que seja a precisão que queira conferir o seu autor, é premissa que já na produção um sentido é construído a dois. Mas como compreender um sentido que lhe quis conferir o autor? Geraldi explica:

> Quanto mais, na produção, o autor imagina leituras possíveis que pretende afastar, mais a construção do texto exige do autor o fornecimento de pistas para que a produção do sentido na leitura seja mais próxima ao sentido que lhe quer dar o autor (Geraldi, 2003, p. 102).

As pistas dadas pelo produtor permitiriam ao leitor apreender a significação do texto escrito. Nesse sentido, o autor afirma que na produção de sentidos há sempre uma abertura e um fechamento; esse fechamento é dado graças à significação que Vygotsky retrata, como já vimos.

Esta nova forma de se trabalhar com textos, ressaltando esta análise e reflexão dos sentidos do texto ou a falta deles, assim como a significação que o autor quer dar a seu texto, é raramente trabalhada numa análise discursiva. Ao contrário, o que os professores fazem é anotar ao lado do texto escrito os erros gramaticais dos produtores. Essa postura frente ao ensino e aprendizagem da língua e, especificamente, do trabalho com textos não deixa de ser diferente do que apontavam os teóricos já na década de 80.

Geraldi pontua algumas formas de como era realizado o trabalho com textos – e como continua sendo, já que na prática essa forma pouco mudou: objeto de leitura vozeada ou oralização do texto escrito; objeto de imitação, isto é, o texto era tido como modelo para a produção de textos dos alunos; objeto de uma fixação de sentidos, ou seja, não se lia o texto no sentido que damos hoje à leitura como produção de sentidos com base em pistas fornecidas pelo texto e no estudo destas pistas (Geraldi, 2003, p. 106-107). De acordo com o autor, essas três formas de inserção do texto na atividade de sala de aula tornam *uno* o que, por princípio, poderia levar à pluralidade. Ao trabalhar desta maneira com o texto, fixa-se a dinamicidade que todo texto gera, tornando produto pronto e acabado o que deveria ser uma possibilidade.

Nesse sentido, ao pensarmos num trabalho com o ensino da língua, entendendo o sujeito enquanto produtor constante de discursos, que refletem e refratam uma determinada realidade – já que estamos operando com signos ideológicos que emitem ideias e valores –, o trabalho do professor no contexto atual deve ser o de formador da consciência discursiva dos enunciados produzidos. Por consciência discursiva entende-se a consciência de que a linguagem e a língua só ocorrem na interação social, de forma que os sujeitos devem compreender que o "outro" é parte fundamental do texto, seja oral ou escrito.

Nessa perspectiva teórica, o ensino de qualquer conteúdo ocorre por meio das mediações, sendo o discurso dialógico o cerne da relação ensino-aprendizagem. Desta forma, a categoria de mediação é central nos processos educativos, pois ela é constituidora do indivíduo e da sua consciência, como já afirmamos anteriormente. Portanto, abordaremos num tópico específico a necessidade da mediação intencional no ensino da língua.

4. O ensino e a aprendizagem da gramática na perspectiva da linguística

De acordo com Franchi (1991), a linguagem é um patrimônio característico de toda a humanidade. Uma propriedade do homem, independente de fatores sociais, de raça, de cultura, de situação econômica, de circunstâncias de nascimento ou de diferentes modos de inserção em sua comunidade. Ou seja, qualquer criança, tendo acesso à linguagem, domina rapidamente, logo nos primeiros anos de vida, todo um sistema de princípios e regras que lhe permite construir a gramática de sua língua.

Possenti (1999), antes de retratar a necessidade de ensinar a gramática e como ensiná-la, descreve como se dá a aquisição da linguagem pela criança, mostrando-nos por que tal aprendizagem ocorre tão naturalmente, ainda que seja algo tão complexo. De acordo com o autor, aquisição da linguagem ocorre através de um processo significativo e contextualizado, diferente do ensino-aprendizagem da língua escrita da forma como tem sido praticada nas salas de aula.

Diante desse fato, a questão fundamental que se põe por trás da aprendizagem é o sentido. Logo,

> a aprendizagem da língua por crianças se dá ao uso efetivo da linguagem, um uso sempre contextualizado, uma tentativa forte de dar sentido ao que o autor diz. Assim, não se aprende por exercícios, mas por práticas significativas, isto é, o domínio de uma língua é o resultado de práticas efetivas, significativas e contextualizadas (Possenti, 1999, p. 47).

Assim, a forma de se conseguir na escola a eficácia de aprender como as crianças aprendem antes de entrar na escola é aproximar as atividades linguísticas da vida. Sendo o ler e o escrever as práticas mais relevantes na escola, tais aprendizagens devem ocorrer de maneira que se leia, escreva e corrija de forma sistemática e diária.

Para que os professores possam ensinar considerando o contexto e as aprendizagens de seus educandos, eles devem fazer um diagnóstico do que os alunos aprenderam e dos conceitos ensinados a eles para isso e a partir disso, além de elaborar um ensino efetivo, pois o domínio de uma língua é diferente do domínio de sua gramática.

O ensino da Língua Portuguesa no Ensino Fundamental, de primeira à quarta série, deve estar voltado à reflexão sobre a língua. Por essa razão, uma das formas de se ensinar a reflexão sobre a gramática é enfatizar a leitura, pois através dela o aluno entra em contato com diferentes mundos linguísticos.

Possenti (1999) conceitua a gramática como um conjunto de regras que podem ser entendidas de três formas: conjunto de regras que devem ser seguidas; conjunto de regras que são seguidas; conjunto de regras que o falante da língua domina. Tais formas podem ser denominadas como gramática *normativa*, *descritiva* e *internalizada*.

• A Gramática Normativa caracteriza-se por um conjunto de regras que devem ser seguidas para que os indivíduos aprendam a falar e a escrever corretamente, ou seja, é variedade padrão.
• A Gramática Descritiva é o conjunto de regras que são seguidas, e é geralmente utilizada pelos linguistas, cujo objetivo é descrever ou explicar as línguas tais como elas são faladas.

* Gramática Internalizada classifica-se como o conjunto de regras que o falante domina, ou seja, qualquer forma, padrão ou não, que permita verificar se a língua é portuguesa, inglesa etc.

A concepção de gramática que preside na maioria das avaliações corresponde à gramática normativa, ou seja, a um conjunto sistemático de normas para bem falar e bem escrever estabelecidas pelos especialistas, com base no uso da língua consagrado pelos bons escritores.[18] Essa concepção de gramática tem raízes muito antigas. A primeira forma de construir uma gramática normativa aparece nos gramáticos de Port-Royal, no século XVII, que vinculam o bom uso da linguagem à arte de pensar:

> Os gramáticos normativos partem de um fato da linguagem que todos estão dispostos a reconhecer: o fato de que, no uso da linguagem, existem diferentes modalidades e dialetos, dependendo de condições regionais, de idade e sexo e, principalmente, de condições sociais (econômicas e políticas). Mas também fica muito evidente nessa concepção, uma valorização não estritamente linguística dessas modalidades: existem subjacentes nela preconceitos de todo tipo, elitistas e acadêmicos e, de classe (C. Franchi, 1991, p. 49).

Com relação à gramática descritiva, embora ela não pressuponha a manutenção dos mesmos preconceitos da gramática normativa, na prática escolar acaba ocorrendo a sua incorporação, transformando-se, assim, a gramática descritiva em um instrumento para as prescrições da gramática normativa.

---

[18] C. Franchi (1991).

Franchi diz que todos os linguistas estariam, hoje, de acordo em considerar que uma perspectiva normativa ou puramente descritiva está longe de dar conta da natureza da gramática, das regras gramaticais e do modo pelo qual as crianças as dominam. Assim, nesta nova perspectiva, a gramática

> corresponde ao saber linguístico que o falante de uma língua desenvolve dentro de certos limites impostos pela sua própria dotação genética humana, em condições apropriadas de natureza social e antropológica (C. Franchi, 1991, p. 54).

Portanto, saber gramática nesta perspectiva não depende, em princípio, da escolarização, mas da ativação e do amadurecimento progressivo (ou da construção progressiva), na própria atividade linguística, de hipóteses sobre o que seja a linguagem, seus princípios e regras. Esta concepção de gramática não ignora, como nas concepções anteriores, os problemas de variação linguística.

C. Franchi salienta que as concepções de linguagem e de gramática, descritas acima, possuem bases fortemente humanistas:

> Todo homem, sejam quais forem suas condições, nasce dotado de uma faculdade de linguagem, como parte de sua própria capacidade e dignidade humana. Mesmo que restem muitos pontos obscuros quanto à natureza e extensão dessa faculdade, isso significa que, sem distinção, todas as crianças desenvolvem uma gramática interna. Ficando assim, excluída toda valoração de uma língua ou modalidade de língua em relação à outra e qualquer forma de discriminação preconceituosa da modalidade popular (C. Franchi, 1991, p. 57).

Possenti (1999) relata que o objetivo prioritário da escola é permitir a aquisição da gramática internalizada, isto é, expor o aluno constantemente ao maior número possível de experiências linguísticas na variedade padrão, pois a gramática interna é um sistema de princípios e regras que correspondem ao próprio saber linguístico do falante, pois ele se constrói na atividade linguística e pela atividade linguística.

As atividades linguísticas são aquelas que o usuário da língua, o falante, o escritor, o ouvinte e o leitor fazem ao buscar estabelecer uma interação comunicativa por meio da língua e que lhes permite ir construindo seu texto de modo adequado à situação, a seus objetivos comunicativos.

4.1. O ensino e a aprendizagem da ortografia

Qual a importância do ensino da ortografia para a aprendizagem da língua materna? O que é ortografia? Para que serve? Por que devemos ensiná-la? E por que os educandos devem aprendê-la?

A norma ortográfica é uma convenção social que unifica a escrita das palavras, ajudando a estabelecer a comunicação escrita, uma das formas da linguagem, como vimos anteriormente.

Mazzeu evidencia que a escrita ortográfica, para muitos professores, chega a ser prejudicial para a produção de textos com significado. Entretanto, ao contrário desses educadores, o autor se posiciona a favor de tal ensino, pois, para ele, a própria ortografia enquanto produto histórico da prática social possui um significado, isto é, constitui uma forma comum, válida para a sociedade como um todo, de registro dos sons da fala por meio da escrita. "Essa forma comum é imprescindível para que a comunicação escrita ocorra da melhor forma possível" (Mazzeu, 1992, p. 100).

Mesmo para a realização de produção de textos, Mazzeu evidencia que o domínio da ortografia é uma ferramenta essencial para a efetiva objetivação de significados por meio da escrita. O autor salienta que a rejeição à ortografia, por parte de muitos professores e alunos, ocorre por duas razões. Uma delas é o caráter alienado de que se revestem o uso da ortografia na prática social e seu estudo na prática escolar; ou seja, a ortografia aparece para muitos professores como o principal critério de avaliação no ensino de Português. Na tentativa por secundarizar a ortografia, não é estabelecida nenhuma diferenciação entre as formas consideradas corretas e as que são aceitas só por quem as usa. Assim, o aluno deixa de dominar as formas que são necessárias para uma inserção efetiva no processo social de comunicação da escrita. A outra razão é a adoção, consciente ou não, de uma concepção de linguagem escrita que se situa no âmbito da orientação denominada por Bakhtin (1995) de subjetivismo idealista. Ou seja, concebe-se a escrita como forma de expressão do psiquismo individual do autor, importando somente que a escrita registre as ideias, os pensamentos do indivíduo. Ao considerar-se a escrita como manifestação individual e não como atividade social, o uso de formas convencionais de grafar as palavras perde o sentido.

Desta forma, conclui Mazzeu:

> O domínio das formas ortográficas de escrita é imprescindível para a realização da comunicação escrita enquanto atividade social. O que faz dessas formas elementos cerceadores dessa comunicação é o seu estudo e seu uso alienados,

nos quais o aluno não percebe as operações que precisa realizar para produzir essas formas, nem as razões pelas quais executa tais operações (Mazzeu, 1992, p. 107).

O nosso sistema alfabético apresenta muitos casos em que um mesmo som pode ser grafado por mais de uma letra, e em que uma letra grafa mais de um som. Dessa forma, é necessário fazer um trabalho com as crianças tendo em vista o leitor de seus textos. Parece óbvio que quando ensinamos alguma coisa expliquemos aos alunos por que devemos aprender; entretanto não é isso o que acontece na maioria dos casos de ensino. Mostrar ao aluno o objetivo da aprendizagem é essencial para obtermos o sucesso na relação ensino-aprendizagem.

Desta forma, para concluir, utilizamos a orientação de Faraco (1992), que diz que para um professor ensinar a ortografia de modo que leve os alunos a questionarem seus próprios erros, ele precisa ter um bom conhecimento da organização do nosso sistema gráfico, a fim de que possa sistematizar seu ensino. Ou seja, o professor alfabetizador ou que trabalha de primeira a quarta série precisa ter em mente que a língua portuguesa tem uma representação etimológica, e não alfabética. Estas são as palavras de Faraco:

> Dizer que a representação gráfica é alfabética significa dizer que as unidades gráficas (letras) representam basicamente unidades sonoras (consoantes e vogais) e não palavras (como pode ocorrer com a escrita japonesa). Além disso, a escrita alfabética tem, como princípio geral, a ideia de que cada unidade sonora será representada por uma determinada letra e de que cada letra representa uma unidade sonora (Faraco, 1992, p. 9).

Desta forma, o nosso sistema, sendo gráfico, toma como critério para fixar a forma gráfica de algumas palavras não apenas as unidades sonoras que a compõem, mas também a sua origem etimológica. As representações que utilizam a etimologia são as que mais trazem problemas às crianças devido a sua arbitrariedade.

Em consequência disso, o autor sugere que uma das coisas essenciais que o aluno deverá aprender é que, no processo da grafia, embora algumas palavras sejam previsíveis pelo princípio da relação letra/som, outras exigem a memorização devido a arbitrariedade. No entanto, o autor diz que o ensino de estratégias cognitivas, no caso da arbitrariedade, como o uso de dicionários e a necessidade de memorização, não é tarefa exclusiva do professor de primeira série, mas de todos os professores, seja em nível fundamental ou médio.

Embora haja os casos arbitrários, felizmente "o que predomina no sistema não são as representações arbitrárias, mas as regulares" (Faraco, 1992, p. 11). Porém, é importante destacar que as representações regulares não são neutras, já que as formas de verbalização são muitas. Ou seja, há inúmeras maneiras de pronunciar uma palavra, mas uma única maneira de grafá-la.

A neutralidade da grafia em relação à pronúncia é extremamente vantajosa. Segundo o autor, trata-se de um sistema uniforme, criado socialmente para grafar as diversas variedades da língua, fato que permite uma base segura de comunicação entre os falantes de variedades distintas.

Para que fosse possível estabelecer tal comunicação, o sistema gráfico adotado pela sociedade foi o de uma certa variedade da língua. Por tal razão, existe, conforme o autor, uma maior proximidade entre a grafia e algumas pronúncias. Essa proximidade, no entanto, torna-se bastante relativa, já que as formas de pronunciação se modificam conforme a época. O mesmo não ocorre com a grafia.

Conclui o autor:

> Podemos dizer que mudanças na pronúncia acabam distanciando a realidade sonora de suas representações gráficas, ampliando o grau de neutralidade da grafia frente às diferentes pronúncias e criando, em consequência, certas dificuldades para o usuário onde antes não havia (Faraco, 1995, p. 12).

Assim, diz o autor que as pessoas que possuem uma distância maior entre a pronúncia e a escrita são as que mais sentirão dificuldades entre a realidade sonora e a representação gráfica.

É nesse sentido que salientamos a influência do meio sociocultural na apropriação da língua.

5. Conclusão

No decorrer deste capítulo buscamos mostrar a importância do ensino da língua em suas várias modalidades (texto, escrita, oralidade, variedade linguística) na procura por fornecer subsídios teóricos aos professores, para que possam realizar um ensino da língua significativo, como bem evidenciaram os autores aqui abordados.

Referências

BAKHTIN, M. *Estética da Criação Verbal*. São Paulo: Martins Fontes, 2003.

_____. *Marxismo e Filosofia da Linguagem*. São Paulo: HUCITEC, 1995.

CAGLIARI, L. C. *Alfabetização e Linguística*, 8ª ed. São Paulo: Scipione, 1995.

FARACO, C. A. *Escrita e Alfabetização*. São Paulo: Contexto, 1992.

FRANCHI, C. *Linguagem e Gramática Constitutiva*. São Paulo: SEE/CENP, 1991.

FREIRE, P. *Pedagogia do Oprimido*, 46ª edição. São Paulo: Paz e Terra, 2006.

GERALDI, J. W. *Portos de Passagem*. São Paulo: Martins Fontes, 2003.

MAZZEU, F. J. C. *O significado das técnicas de comunicação escrita e o ensino da ortografia na pós-alfabetização*. Dissertação de Mestrado - PPGE/UFSCar, 1992.

POSSENTI, S. *Por que não ensinar gramática?* São Paulo: Editora Ática, 1999.

TRAVAGLIA, L. C. *Gramática e Interação: uma proposta para ensino de gramática no 1º e 2º graus*. São Paulo: Editora Cortez, 8ª edição, 2002.

4
Por um ensino da Língua Materna

1. Introdução

Neste capítulo objetivamos mostrar alguns encaminhamentos de como os professores do Ensino Fundamental podem trabalhar com o ensino da língua levando em consideração as teorias dos autores tratados ao longo desta obra. Ressaltamos novamente que se trata de encaminhamentos, uma ilustração, e não uma imposição.

Desta forma, iremos abordar a importância do diálogo e da parceria como procedimentos metodológicos que devem ser utilizados na relação ensino-aprendizagem, uma vez que esses instrumentos contribuem para o estabelecimento do diálogo, da zona de desenvolvimento proximal e, sobretudo, da conscientização do uso efetivo língua.

Ainda neste capítulo, mostraremos como trabalhar com textos e a partir deles encaminhar reflexões acerca da gramática, de seus usos e formas.

2. Importância do diálogo e da parceria na relação ensino-aprendizagem

O conceito de diálogo, como visto, é fundamental nas teorias abordadas ao longo desta obra. É por meio dele que o homem se comunica e interage com outros homens e com o mundo. É por meio dele, da palavra "alheia", que o homem aprende a representar o mundo e a refletir sobre ele. O diálogo é o que fundamenta a consciência humana sobre as relações históricas, tornando a palavra "própria/sua".

Dialogar implica, antes de tudo, abertura a escutar, a compreender, a discutir, a refletir sobre determinado tema e a mudar, isto é, a conscientizar, a se libertar. Portanto, a dialogia não se dá somente pelo consenso, mas também pelo dissenso.

Levando-se em consideração esse fato, pensar nas relações educativas pressupõe o diálogo como fundamento da relação educador-educando. Pressupõe uma relação de humildade para aquele que educa, seja professor, seja aluno.

Conforme bem salientou Freire:

> Para pôr o diálogo em prática, o educador não pode colocar-se na posição ingênua de quem se pretende detentor de todo o saber, deve, antes, colocar-se na posição humilde de quem sabe que não sabe tudo, reconhecendo que o analfabeto não é um homem perdido, fora da realidade, mas alguém que tem toda uma experiência de vida e por isso também é portador de um saber (Paulo Freire in: Gadotti, 1996).

O diálogo preconiza que o interlocutor se coloque no lugar do outro, necessitando que os interlocutores sejam humildes para ouvir e aprender com o outro. Ele permite também a reflexão, a confrontação de visões de mundo e, consequentemente, a conscientização. Pensando no que o diálogo representa para a formação do indivíduo, que se constrói na relação dialógica com o outro, o uso do mesmo como ferramental metodológico é essencial para a aprendizagem e para as relações de ensino.

A parceria é outro procedimento metodológico que deve ser utilizado nas relações de ensino-aprendizagem. Ela permite que o diálogo seja estabelecido entre dois educandos, que podem confrontar seus pensamentos, seus conhecimentos a respeito de determinado tema (conteúdo), auxiliando na aprendizagem de cada um. A parceria já vem sendo utilizada em algumas salas de aula, e dados científicos apontam o quanto ela é importante para a aprendizagem dos alunos.

A parceria permite que se estabeleça a zona de desenvolvimento proximal.[19] Conforme alguns autores,[20] quando os interlocutores iniciam uma situação de diálogo, compartilham uma quantidade de conhecimentos que proporciona fundamentos para a comunicação. Nesse sentido, cada situação, evento ou objeto possui múltiplas interpretações possíveis, e a fala serve para propiciar uma determinada interpretação e criar uma realidade temporalmente compartilhada. Desta forma, quando os interlocutores iniciam uma comunicação pode haver diferentes perspectivas ou interpretações vagas a respeito do que as produções verbais tentam transmitir. No entanto, uma negociação de sentidos, semioticamente mediada, cria um mundo social temporalmente compartilhado.

Vygotsky utiliza o conceito de *zona de desenvolvimento proximal* para explicar como ocorre esta intersubjetividade.

Refletindo sobre a relação entre aprendizagem e desenvolvimento o autor observou que os estudos sobre o desenvolvi-

---

[19] Vygostky (2001).
[20] Rommetveit (1979) citado por Wertsch (1988).

mento mental de crianças consideram, de maneira geral, apenas o que são capazes de fazer por si mesmas, desconsiderando os resultados obtidos quando desenvolvem atividades com a ajuda de outros. A relação do indivíduo com os outros permite uma constante negociação de sentidos, recriação e reinterpretação de conceitos e significados. De acordo com este pressuposto, compreender como a interferência de uma pessoa pode alterar o desempenho de outra é fundamental, porque isso pode ser mais revelador de seu desenvolvimento mental.

Assim, o autor buscou estudar essa relação mediativa (interação), pois a interferência de uma pessoa pode alterar os níveis de desenvolvimento de outra. Assim, esta interação será a responsável pela construção do ser psicológico individual.

Por meio desse estudo o autor verificou que a interferência de uma pessoa sobre a outra só alterará o seu desempenho se ela estiver num determinado nível de desenvolvimento. Isto significa que nem todo aprendizado altera o desenvolvimento de um indivíduo, esta alteração só ocorrerá se a função a ser desenvolvida existir em potência no mesmo. Assim, esta interação será a responsável pela construção do ser psicológico individual.

Em outras palavras, Vygotsky (1991) apresenta a capacidade de desempenhar tarefas de maneira independente como sendo o nível de *desenvolvimento real* de uma pessoa, ou seja, os conhecimentos já adquiridos, as funções que já estão consolidadas na criança. Outro nível diz respeito às atividades que uma pessoa é capaz de desempenhar apenas com a ajuda dos outros, ou seja, as funções que ainda estão em processo de maturação no indivíduo, que existem em potência mas ainda não emergiram, ou seja, o nível de *desenvolvimento potencial*.

Postulando os dois níveis de desenvolvimento, o real e o potencial, Vygotsky vai caracterizar o *desenvolvimento proximal* como sendo

> a distância entre o nível de desenvolvimento real, que se costuma determinar através da solução independente de problemas, e o nível de desenvolvimento potencial, determinado através da solução de problemas sob a orientação de um adulto ou em colaboração com companheiros mais capazes (Vygotsky, 1991, p. 97).

Assim, o *desenvolvimento proximal* é visto como algo que emerge e cresce num contexto interativo, tornando-se individual através do processo da internalização. A internalização, por sua vez, consolida o desenvolvimento e abre novas possibilidades para as funções que estão em potência mas ainda não emergiram. Esse pressuposto implica que as experiências de aprendizagem geram novas formas de ação e abrem novas *zonas de desenvolvimento proximal*. Estas ações se tornarão consolidadas com a internalização, criando novas *zonas de desenvolvimento proximal*. Em suma, o que existe em potência no indivíduo, hoje, será seu desenvolvimento real amanhã, e abrirá caminho para outras funções que estarão em estado embrionário no indivíduo.

Posta a importância da interação, a parceria adquire um fundamental papel na relação pedagógica, juntamente com o diálogo, que é o pressuposto da interação. Com isso podemos considerar que o desenvolvimento do indivíduo está relacionado às formas de mediação social – formas que podem estabelecer-se tanto através da mediação pelos signos como da interação com o outro, ambas relacionadas à linguagem.

Em resumo, a linguagem desempenha um papel importante como a mediadora no processo de internalização dos processos sociais porque é o meio pelo qual a atividade individual e a subjetividade são constituídas, por isso a importância do diálogo e da parceria nos processos educativos.

3. Trabalhando com textos

Pensando em toda a teoria vista durante os capítulos, buscamos articulá-la com o trabalho de produção textual dentro da sala de aula.

A fim de que os alunos possam compreender a aprendizagem da língua de maneira significativa, o professor, como mediador intencional, deve partir do pressuposto de que a linguagem é que nos constitui como seres humanos e culturais. Nesse sentido, deve deixar claro aos educandos que a aprendizagem da língua é necessária, pois permite que eles interajam com aqueles que estão ao seu redor, ao mesmo tempo em que podem apropriar-se da cultura construída historicamente. As atividades de leitura e de escrita têm essa função, perpetuar e construir o conhecimento, tanto em nível individual como coletivo.

Pensando na finalidade do ensino-aprendizagem da língua como processo histórico e cultural, o trabalho com produção textual pode ocorrer da seguinte maneira.

O professor como mediador intencional do processo de ensino-aprendizagem deve ser consciente de que a parceria entre leitor e escritor é fundamental para a aprendizagem da escrita e, por sua vez, da formação da consciência discursiva dos educandos. A parceria também permite verificar a atividade da leitura, isto é, os diversos sentidos contidos no texto escrito.

Assim, o trabalho com textos tem por objetivo formar produtores de textos conscientes da necessidade de sentido nos mesmos, pois qualquer produção textual remete sempre a um leitor. Nesse sentido, o trabalho com produção textual deve:

a) Formar produtores de textos competentes linguisticamente, que:
• tenham a consciência dos elementos que compõem os gêneros discursivos;
• venham a se apropriar de diferentes gêneros discursivos;
• aprendam a formar textos coesos e coerentes levando em consideração a quem se dirige o texto;
• possam produzir um discurso coeso e coerente a partir da temática abordada.

b) Formar escritores que possam produzir textos considerando seus leitores e que:
• considerem o leitor no discurso produzido;
• tenham consciência da significação deixada no texto, de modo que o leitor possa aproximar-se mais fidedignamente do sentido atribuído pelo escritor.

Postos os objetivos do trabalho com produção textual, passaremos a mostrar alguns encaminhamentos de como atingir esses objetivos. Metodologicamente, o trabalho em sala de aula pode seguir seis passos:

- *Primeiro Passo:* escolha do gênero discursivo.
- *Segundo Passo:* diálogo acerca do tema.
- *Terceiro Passo:* produção textual.
- *Quarto Passo:* parceria leitor-escritor.
- *Quinto Passo:* reescrita do texto.
- *Sexto Passo:* análise do professor sobre o processo de construção do texto (escrita e reescrita).

Expostos os seis passos de como se conduzir o trabalho com produção textual nas salas de aulas, passaremos a delineá-los de maneira mais pormenorizada.

PRIMEIRO PASSO: ESCOLHA DO GÊNERO DISCURSIVO

O primeiro passo se trata da escolha do gênero a ser trabalhado. O professor pode trabalhar com diferentes gêneros textuais como: fábulas, narrativas, cartas, receitas, parlendas e textos de opinião.[21] É importante lembrar que o trabalho com os diferentes gêneros deve estar adequado à série com a qual o professor trabalha, pois pesquisas indicam que o trabalho com o texto de opinião em salas de alfabetização (primeiras e segundas-séries) dificulta as atividades das crianças. Essa dificuldade advém do fato de que o trabalho com produção textual necessita de diferentes caminhos no pensamento, caminhos que se ligam à necessidade de escrever segundo as convenções

---

[21] Trabalhos a respeito da tipologia de gêneros discursivos atrelados à série podem ser verificados de forma mais detalhadas no trabalho de Dissertação de Mestrado da UFSCar de Danitza Diandeiras da Silva, sob a orientação de Claudia Raimundo Reyes, 2000.

da escrita, a deixar o significado no texto e ainda a escrever conforme o gênero.

Escolhido um gênero a ser trabalhado, o professor pode conduzir a realização do mesmo a partir de uma leitura de diferentes textos do mesmo gênero. Supondo que o gênero escolhido seja Fábula e que será trabalhado com uma segunda série do ensino fundamental, vejamos:

O homem, seu filho e o burro
Esopo[22]

Um homem ia com o filho levar um burro para vender no mercado.
– O que você tem na cabeça para levar um burro estrada afora sem nada no lombo enquanto você se cansa?
– disse um homem que passou por eles.
Ouvindo aquilo, o homem montou o filho no burro, e os três continuaram seu caminho
– Ô rapazinho preguiçoso, que vergonha deixar o seu pobre pai, um velho, andar a pé enquanto vai montado!
– disse outro homem com quem cruzara.
O homem tirou o filho de cima do burro e montou ele mesmo. Passaram duas mulheres e uma disse para a outra:
– Olhe só que sujeito egoísta! Vai no burro e o filhinho a pé, coitado...
Ouvindo aquilo, o homem fez o menino montar no burro na frente dele. O primeiro viajante que apareceu na estrada perguntou ao homem:
– Esse burro é seu?
O homem disse que sim. O outro continuou:

---

[22] Esopo (2008).

– Pois não parece, pelo jeito como o senhor trata o bicho. Ora, o senhor é que devia carregar o burro em lugar de fazer com que ele carregasse duas pessoas.

Na mesma hora o homem amarrou as pernas do burro num pau, e lá se foram pai e filho aos tropeções carregando o animal para o mercado. Quando chegaram, todo mundo riu tanto que o homem, enfurecido, jogou o burro no rio, pegou o filho pelo braço e voltou para casa.

Moral: Quem quer agradar todo mundo no fim não agrada ninguém.

Após o professor ler a história para a sala, entra-se no segundo passo do trabalho com produção textual: o diálogo.

Segundo Passo: Diálogo acerca do tema

Na tentativa de verificar a compreensão das crianças a respeito da leitura realizada pelo professor, deve iniciar-se um diálogo sobre a temática abordada na leitura ou a partir de temas levantados pelos próprios alunos (tema gerador). Visto isso, o professor pode tentar identificar o entendimento dos educandos a respeito de alguns léxicos como: "O que é agradar?", "O que é egoísmo?", "Respeito pelo outro é o mesmo que agrado?", entre muitas outras questões que podem ser dialogadas.

A partir das reflexões acerca da história, o professor deve dar início ao segundo passo do trabalho com produção textual, isto é, a sua escrita. O professor deve extrapolar as questões que estão na superfície do texto, deve fazer questões que estão nas entrelinhas do mesmo, aquilo que está implícito no mesmo, levando os alunos a refletirem sobre ele.

Terceiro Passo: Produção textual

Conforme salientado, após a leitura e o diálogo acerca de determinado gênero discursivo, o professor pode propor aos alunos que façam um reconto da história lida. O trabalho do professor será o de escriba dos alunos. Este tipo de atividade é produtivo nas primeiras e segundas séries do ensino fundamental, pelo fato de essas crianças estarem se apropriando do sistema de escrita alfabética. O texto escrito pelo professor a partir do reconto dos alunos permite que o mesmo seja o mediador concreto da atividade de escrita das crianças, o que permite a elas pensar sobre outras questões referentes à língua, tais como ortografia, concordância, pontuação, coerência e coesão, entre outros.

A produção textual escrita deve ser entendida como mais uma das formas de a criança se comunicar com o outro, nesse caso com o seu leitor, o que leva ao quarto passo.

Quarto Passo: Parceria leitor-escritor

Em outro momento, o professor deve pedir para que as crianças (parceria leitor-escritor) escrevam o texto em parceria ou que sejam parceiras no sentido de leitor e escritor. A seguir as crianças podem trocar o texto a fim de refletirem sobre ele. A parceria objetiva fazer com que as crianças consigam compreender o significado que o escritor quis dar ao texto, bem como os muitos sentidos que toda leitura possibilita. Para tanto, os leitores deverão refletir sobre outras questões da língua que tornam a leitura da escrita possível além da gramática, isto é, ortografia, pontuação, plural, concordância etc.

Na leitura do texto torna-se importante a presença do escritor, pois é nesse diálogo que é possível que ele mesmo vá se conscientizando sobre os elementos que colocou em suas escritas para que a mesma seja compreendida pelos seus leitores. Nesse momento, é fundamental a presença do professor para auxiliar nessa parceria e ir indicando formas para que os problemas das escritas possam ir aos poucos ser superados.

Terminada essa análise na parceria, dialogada e refletida por eles sobre a escrita, dá-se início ao quinto passo do trabalho com produções textuais dentro da sala de aula.

QUINTO PASSO: REESCRITA DO TEXTO

Após serem sugeridas as mudanças pelos leitores, os alunos devem reescrever o texto a fim de deixá-lo mais coeso e coerente para o leitor. Na reescrita, o escritor deve estar atento às sugestões do leitor, incorporando alterações com o objetivo de melhorar o texto. O professor como mediador intencional deve enfatizar a importância do sentido para a compreensão do texto, bem como a importância da significação[23] deixada pelo autor.

SEXTO PASSO: ANÁLISE DO PROFESSOR SOBRE O PROCESSO DE CONSTRUÇÃO DO TEXTO (ESCRITA E REESCRITA)

Para finalizar, o professor deve, como mediador intencional, construir um *portfólio* dos trabalhos de escrita e reescrita dos alunos, a fim de analisar o processo de produção textual dos mesmos. O *portfólio* serve para o professor avaliar o processo

---

[23] A significação corresponde ao sentido que o autor quis dar ao seu texto.

qualitativo da turma, bem como para elaborar formas interventivas de ensino.

Nesse sentido, o processo de produção textual deve ser entendido pelo professor como um processo cheio de avanços e retrocessos. Uma aprendizagem que se dá pela apropriação e construção de saberes, e não uma simples assimilação. Com o *portfólio*, o professor poderá verificar as dificuldades da turma e elaborar formas eficazes de intervenção. Suponhamos que o grande problema apresentado pela turma seja referente à ortografia. O professor pode levar os alunos a refletirem sobre as regras ortográficas a partir das palavras grafadas pelos próprios alunos. Pode enfatizar por que foram grafadas de forma não convencional, como grafias decorrentes do apoio na oralidade etc.

Nesse momento, o professor pode escolher uma escrita e reescrita e colocá-las na lousa levando os alunos a refletirem sobre elas. Isto é, o professor pode *junto com* os alunos verificar questões gramaticais, questões de coerência e de estrutura do gênero discursivo, ensinando, assim, os conteúdos condizentes à língua materna de forma que se leve a compreensão e entendimento da mesma.

Esse último passo deve necessariamente fazer parte de uma atividade de intervenção por parte do professor na aprendizagem das crianças, de modo que elas compreendam a língua, seus usos e formas.

Para fins metodológicos, a seguir trataremos especificamente do trabalho com a gramática a partir de produção textual. A separação aqui feita é apenas para fins didáticos, não devendo o professor separar esses dois momentos, pois ambos inexistem sem o outro. A produção escrita necessariamente deve fazer o uso dos princípios de uma língua quanto ao seu sistema convencional. Saber o convencional permite a emancipação do sujeito quanto à possibilidade de expressar seu pensamento por meio da escrita, além de propiciar a leitura e, consequentemente, a interação entre as consciências, entre os sujeitos.

4. Trabalhando com a gramática

Como visto, o trabalho com a gramática deve ser contextualizado de forma que se faça uma análise epilinguística da língua.

Conforme as teorias abordadas nesta obra, uma forma de contextualizar e trabalhar com o ensino da gramática é por meio da produção textual. O professor pode por meio da escolha de uma escrita e reescrita encaminhar reflexões sobre a língua. A fim de exemplificarmos, escolhemos a escrita e reescrita de uma aluna pertencente à segunda série do ensino fundamental.[24] O texto escolhido é referente ao reconto da fábula *O menino, o velho e a mula*, uma readaptação de Monteiro Lobato da fábula de Esopo, apresentada anteriormente.

---

[24] O texto aqui exemplificado faz parte da coleta de dados para a elaboração da tese de Doutorado de uma das autoras desta obra, Poliana Bruno Zuin, sob a orientação da outra autora, Claudia Raimundo Reyes.

O menino, O velho e a mula

O velho falou:
— Filho Buique a Ruana por que vamos até a cidade ~~em~~ ~~nois~~ ~~vender~~ ~~a mula~~. E Então foram vender a pobre animal. Então o menino ~~montou~~ na mula e passou na cidade e uma mulher falou:
— Coitado do menino, ~~capaz~~ que tem esse mundo de Jesus.
— Então o homem disse: eu vou descer da mula e o meu filho, monta no meu lugar. ~~vai~~ filinho: está bom papai, fim ora tei vamos, então papai. O menino foi montado pra mula e o pai foi empurrando a mulinha que o velho estava empurrando a mula. O filho estava em cima da mula.
— Então passou o homem e disse: menino coitado do seu pai, você não tem juízo!
— Então os dois sentaram na mula e dali 30 segundos passou a mulher e disse:
— Coitada da mula não deve aguentar carrega esses dois na costas da coitada da mula, então, o velho que amarrou os pés da mula e levou a mula nas costas.
Fim

Escrita

A análise desse texto deve ser em conjunto com as crianças. O professor pode perguntar a elas o que pode ser melhorado, por exemplo, e se há problemas de ortografia, de pontuação. Pode igualmente chamar a leitora e a autora do texto para mostrar o que foi discutido na parceria etc. Suponhamos que os educandos falem dos problemas de ortografia, já que essa questão é uma das grandes preocupações de crianças que acabaram de se apropriar da escrita alfabética.[25] Imaginemos que as palavras apontadas por elas, com a mediação do professor, sejam: "caregar", "dise", "desser", "empurando", entre outros.

O professor a partir daí pode desenvolver um trabalho fonético mostrando para as crianças as diferenças entre os sons das letras "RR" (carro) e "R" (caro), que são os casos das palavras "carregar" e "empurrando". O professor deve salientar que na leitura um "S" apenas no meio de duas vogais fica com o som de "Z", por isso ao grafar a palavra "disse" a criança deve usar "SS", caso contrário ao ler essa palavra lerá "dize". Deve, ainda, enfatizar algumas exceções, como "beleza", que vem de "belo" e por isso é grafada com "Z".

Outra questão que pode ser trabalhada pelo professor é a separação de sílabas. No texto em questão, a criança separou as sílabas ao mudar de linha de forma não convencional. O mesmo ocorreu com algumas palavras que foram escritas sem espaçamento entre elas ("an-imal" e "ensima"). A partir dessas

---

[25] Tal como concluíram as autoras dessa obra por meio de pesquisas realizadas com crianças recém alfabetizadas.

grafias o professor pode sistematizar, *junto aos* e *com os* alunos, como se separam as sílabas, como deveriam ter sido separadas as sílabas da palavra animal e por que as palavras "em cima" são grafada separadamente.

Outras questões podem também ser discutidas, porém o que fizemos aqui é apenas uma demonstração de como o professor pode trabalhar com o ensino dos conteúdos gramaticais.

Metodologicamente, em seguida a essa primeira análise, o professor pode mostrar a reescrita da autora, salientando as modificações feitas por ela a partir da parceria.

Nesse momento, por meio de uma análise comparativa da "escrita" e da "reescrita", o professor poderá observar as questões do significado e sentido contidos no texto, mostrando aos alunos o que está diferente, se algo foi acrescentado ou não etc. Por exemplo, verificamos na reescrita da criança que a palavra "Busque", grafada com letra maiúscula no meio da frase, continuou assim, já que não fora salientada pela leitora na parceria, mas seria importante que o professor ensinasse a criança, salientando o uso da regra de maiúsculas e minúsculas. Já as palavras "disse" e "carregar" foram grafadas corretamente, dadas as sugestões da leitora; porém, a palavra "aquentar" continuou grafada incorretamente. A questão do sentido do texto foi melhorada, devido à indicação da leitora na parceria, conforme sublinhado na escrita.

É fundamental que o professor realize esse trabalho comparativo a fim de conscientizar as crianças da importância de refletirem sobre o texto, de incorporarem as sugestões, de atentarem para as regras da escrita convencional.

Vejamos a reescrita do texto apresentado anteriormente:

Reescrita

O menino o velho e a mulinha

O velho falou para o filho:
— filho Burque a Ruana, por que vamos até a cidade eu vou vender a mulinha.
— E Então foram vender o pobre animal. Então, o menino montou na mulinha e passou na cidade e um padre falou: coitado do menino os pais que tem nesse mundo fegus.
— Então o homem disse: eu vou diser da mulinha, e o meu filho, munta no meu lugar vou, vai filho: está bem papai já montei vamos, o menino foi montado na costada da mula que o velho estava espurando então passou um homem e disse: Menino você nao tem juizo.
— Então os dois sentaram na mula, dali 30 segundos passou a menina e disse: Coitado da mula, não deve aguentar carregar este animal nas costas Coitada da mula, então o velho que amarrou os pés da mula e caregol nas costas. fim   Moral: Fazer a
                                                nossa propia
                                                 vontade

O trabalho de análise de um texto *junto aos* e *com os* estudantes deve fazer parte do trabalho diário do professor. Somente refletindo sobre a língua em situações concretas do seu uso efetivo é que as crianças vão conseguir aprender e não apenas memorizar as regras gramaticais, embora algumas necessitem dessa memorização; no entanto, essa viria pelo seu uso efetivo, e não por meio de um processo descontextualizado e mnemônico.

Como já salientado, são inúmeras as maneiras de se trabalhar com produção textual. Aqui foi apresentada apenas uma ilustração de como pode ocorrer na prática o trabalho do professor.

5. Conclusão

Neste capítulo procuramos mostrar como o professor pode trabalhar com o ensino da língua materna por meio da produção textual. Para tanto, propusemos alguns procedimentos metodológicos para se conduzir esse trabalho na sala de aula.

O diálogo e a parceria apresentados como instrumentos da relação ensino-aprendizagem se baseiam nas teorias retratadas ao longo da obra, bem como na pesquisa científica realizada pelas autoras.[26]

Por meio da pesquisa, verificamos como o diálogo e a parceria podem ser importantes na relação ensino-aprendizagem

---

[26] ZUIN, Poliana Bruno. *A formação da consciência discursiva em produção de textos: uma parceria entre leitor e escritor.* Programa de Pós-Graduação em Educação, Universidade Federal de São Carlos, Exame de Qualificação, 2008. Orientação de Profa. Dra. Claudia Raimundo Reyes.

da língua, favorecendo a compreensão da mesma de maneira contextualizada. A fim de mostrar como o professor pode encaminhar esse trabalho, sugerimos seis passos de condução desse processo, exemplificando com a escolha de um gênero textual o trabalho com produção textual e análise gramatical.

Referências

ESOPO. *O homem, seu filho e o burro.* Disponível em www.metaforas.com.br/infantis/ohomemeoburro.htm. Acesso em 10/04/2008.

GADOTTI, M. *Paulo Freire: uma bibliografia.* São Paulo: Cortez, 1996.

REYES, C. R. *Sobre o que falam as crianças em suas histórias.* Tese de Doutorado em Educação – Universidade Federal de São Carlos, 2000.

WERTSCH, J. V. *Vygotsky y la Formación Social de la Mente.* Ediciones Paidós. Barcelona – Buenos Aires – México, 1995.

VYGOTSKY, L. S. *Obras Escogidas.* Madri: Visor, Tomo I, 1991.

ZUIN, P. B. *A formação da consciência discursiva em produtores de textos: uma parceria entre leitor e escritor.* Tese de Doutorado em Andamento. PPGE-UFSCar, 2008.

Considerações Finais

O objetivo desta obra foi contribuir com os professores que já atuam no ensino fundamental, bem como com aqueles que fazem parte dos cursos de formação de professores, fornecendo subsídios de como se trabalhar com o ensino da língua nesse nível de ensino e em qualquer outro, desde que sejam adaptadas as atividades propostas a cada série trabalhada.

Como pedagogas e pesquisadoras, sentimos a necessidade de colaborar com os trabalhos dos professores nas salas de aulas, evidenciando dados daquilo que vem sendo pesquisado por nós no âmbito da relação ensino-aprendizagem da língua materna.[27]

Ao longo desta obra procuramos estabelecer um diálogo com as teorias de Vygotsky, Bakhtin e Freire, autores que vêm sendo estudados de maneira profunda por nós. Buscamos, por meio deste diálogo teórico, fornecer respaldos para uma abordagem histórico-cultural para o ensino da língua materna, já

---

[27] Verificar grupo de pesquisa coordenado pela Profa. Dra. Claudia Raimundo Reyes, Docente do Programa de Pós-Graduação em Educação (PPGE), área de concentração em Metodologia de Ensino (DEME), Universidade Federal de São Carlos - UFSCar-SP.

que poucas mudanças na compreensão da linguagem e seu ensino têm ocorrido nas salas de aula.

Mas por que esses autores? Porque eles trazem uma nova compreensão de linguagem. A linguagem como constituidora do pensamento e da consciência. A linguagem como mediadora da relação do homem com o mundo e da relação do homem com outros homens. Sendo a função da linguagem a comunicação, é ela quem permite nos apropriarmos da cultura humana, daquilo que foi produzido historicamente. Assim, a aprendizagem de uma língua, além de sua função precípua de comunicação, permite que nos apropriemos da cultura humana, de valores, de símbolos, de rituais, formas de se compreender o homem ao longo do decurso de seu processo histórico e cultural.

Tendo fundamentado teoricamente o que vem a se constituir uma abordagem histórico-cultural para o ensino da língua, buscamos articular a teoria à prática, um dos grandes problemas da educação, principalmente com relação às áreas de ensino-aprendizagem e didática. Assim, destinamos o último capítulo às formas como os professores podem trabalhar com o ensino da língua a partir dos referenciais teóricos apresentados.

Esperamos que esta obra possa contribuir para mudanças efetivas na maneira de se compreender a língua e de ensiná-la. Desta forma, ter a consciência do papel do signo e da linguagem, enquanto constituidoras das funções mentais superiores, é essencial para que propiciemos um ensino de qualidade, uma vez que somos profissionais da área do ensino da língua. Leontiev, Vygotsky e Bakhtin definem a consciência como conhecimento partilhado, que ocorre somente na realização social, de forma que a consciência individual só pode existir a partir de uma consciência social que tem na língua seu substrato real.

Assim, concluímos que para o ensino da língua materna é necessário que os professores dominem os conteúdos, que sistematizem o saber científico de forma a facilitar a aprendizagem dos alunos, sem esquecer de levar em consideração o contexto ao qual aqueles pertencem. Somente assim o professor será um mediador relevante deste processo e estará cumprindo a sua função política.

Referências

ARAÚJO, C. L. S. *O Esvaziamento da atividade mediadora do professor no processo de apropriação-objetivação de conhecimentos pelos alunos.* Tese de Doutorado, UNESP/ Marília, 2000.

BAKHTIN, M. *Estética da Criação Verbal.* São Paulo: Martins Fontes, 2003.

_____. *Marxismo e Filosofia da Linguagem.* São Paulo: HUCITEC, 1995.

BASSO, I. S. "Significado e sentido do trabalho docente". In: *Caderno Cedes*, ano XIX, n. 44, abril, 1998.

BÜHLER, K. "O desenvolvimento intelectual da criança". In: VYGOTSKY, L. S. *A Construção do Pensamento e da Linguagem.* São Paulo: Ed. Martins Fontes, 2001.

CAGLIARI, L. C. *Alfabetização e Linguística.* 8ª ed. São Paulo: Scipione, 1995.

CARVALHO, N. F. "Semântica gramatical: a significação dos pronomes". In: *Alfa*, v. 28. São Paulo, 1984, p. 43-62.

ESOPO. *O homem, seu filho e o burro.* Disponível em www.metaforas.com.br/infantis/ohomemeoburro.htm. Acesso em 10/04/2008.

FARACO, C. A. *Escrita e Alfabetização*. São Paulo: Contexto, 1992.

FRANCHI, C. *Linguagem e Gramática Constitutiva*. São Paulo: SEE/CENP, 1991.

_____. *Criatividade e Gramática*. São Paulo: SEE/CENP, 1988.

FRANCHI, E. *Pedagogia da Alfabetização – da oralidade à escrita*. 3ª edição. São Paulo: Ed. Cortez, 1991.

_____. *A Redação na escola – E as crianças eram difíceis...* São Paulo: Ed. Martins Fontes, 1984.

FREIRE, P. *Pedagogia do Oprimido*. 46ª ed. São Paulo: Paz e Terra, 2006.

_____. *Pedagogia da Autonomia: saberes necessários à prática educativa*. 19ª ed. São Paulo: Paz e Terra, 2001.

FONSECA, M. C. F. "Os limites do sentido da Matemática". In: *Educação e Pesquisa*, v. 25, n. 1. São Paulo, 1999, p. 147-162.

GADOTTI, M. *Paulo Freire: uma bibliografia*. São Paulo: Cortez, 1996.

GERALDI, J. W. *Portos de Passagem*. São Paulo: Martins Fontes, 2003.

_____. *O texto na sala de aula – Leitura & Produção*. Cascavel: Assoeste, 1996.

GUIMARÃES, E. *Os limites do sentido: um estudo histórico e enunciado da linguagem*. Campinas: Pontes, 1995.

LEMLE, M. *Guia Teórico do Alfabetizador*, 5ª edição. São Paulo: Editora Ática, 1988.

LEONTIEV, A. N. *Actividad, conciencia y personalidad*. Buenos Aires: Ciencias Del Hombre, 1978.

LURIA, A. R. *Pensamento e Linguagem*. Porto Alegre: Artmed Editora, 2001.

LURIA, A. R.; YUDOVICH, I. *Linguagem e desenvolvimento intelectual na criança*. Porto Alegre, Artes Médicas, 1985.

MAGNANI, J. G. *Ideologia e Cultura Popular: um estudo do circo teatro nos bairros da periferia da Grande São Paulo*. São Paulo: FFCL – USP, 1978.

MATENCIO, M. L. M. *Leitura, produção de textos e a escola: reflexões sobre o processo de letramento*. Campinas-SP: Mercado das Letras - Editora Autores Associados, 1994.

MAZZEU, F. J. C. *O significado das técnicas de comunicação escrita e o ensino da ortografia na pós-alfabetização*. Dissertação de Mestrado – PPGE/UFSCar, 1992.

MARX, K. *A ideologia Alemã*. São Paulo: Zahar Editores, 1977.

MINISTÉRIO DA EDUCAÇÃO. *Parâmetros Curriculares Nacionais – 1º e 2º ciclos Língua Portuguesa*. Brasil, 1999.

MONTEIRO, A. M. L. "O uso do 's' sob a ótica daquele que aprende". In: *O aprendizado da Ortografia*. Belo Horizonte: Ed. Autêntica, 2003, p. 43 a 60.

MORAIS, A. G. *Ortografia: Ensinar e aprender*. São Paulo: Editora Ática, 2000.

PONZIO, A. *La Revolución Bajtiniana. El Pensamiento de Bajtin y la Ideologia Contemporánea*. Madrid Ediciones Frónesis: Cátedra Universidad de Valencia, 1998.

POSSENTI, S. *Por que não ensinar gramática?* São Paulo: Editora Ática, 1999.

REYES, C. R. *Sobre o que falam as crianças em suas histórias*. Tese de Doutorado Educação – Universidade Federal de São Carlos, 2000.

SILVA, D. D. *A construção dos conteúdos para o primeiro ano do Ensino Fundamental de nove anos a partir da base de conhecimento sobre o ensino da língua materna de professoras em exercício e de propostas governamentais*. Dissertação de Mestrado em Educação – Universidade Federal de São Carlos, 2008.

SILVA, M. P. C. *Os modos de compreensão e a leitura na escola*. Dissertação de Mestrado. Campinas: Unicamp, 1998.

SMOLKA, A. L. B. "A prática discursiva na sala de aula: uma perspectiva teórica e um esboço de análise". In: *Cadernos Cedes*, v. 20, n. 24. Campinas, p. 51-65, 1991.

SAUSURRE, F. *Curso de linguística geral*. São Paulo: Cultrix; USP, 1995.

SOARES, M. "Letramento e Alfabetização". In: *Anped*, GT 06, 1993.

TRAVAGLIA, L. C. *Gramática e Interação: uma proposta para ensino de gramática no 1º e 2º graus*. São Paulo: Editora Cortez, 8ª edição, 2002.

TRIGO, M. H. B.; BRIOSCHI, L. R. "Interação e Comunicação no Processo de Pesquisa". In: *Reflexões Sobre a Pesquisa Sociológica*, 1987.

VYGOTSKY, L. S. *A Construção do Pensamento e da Linguagem*. São Paulo: Ed. Martins Fontes, 2001.

_____. *A Formação Social da Mente*. São Paulo: Martins Fontes, 2000.

_____. *Obras Escogidas*. Madrid: Visor, Tomo III, 1995.

_____. *Obras Escogidas*. Madrid: Visor, Tomo II, 1993.

_____. *Obras Escogidas*. Madrid: Visor, Tomo I, 1991.

VYGOTSKY, L. S.; LURIA, A. R. *Estudos sobre a história do comportamento: o macaco, o primitivo e a criança*. Porto Alegre: Artes Médicas, 1996.

ZUIN, P. B. *A formação da consciência discursiva em produtores de textos: uma parceria entre leitor e escritor*. Tese de Doutorado em Andamento. PPGE – UFSCar, 2008.

ZUIN, P. B; REYES, C. R. "Produção de textos: uma parceria entre leitor e escritor". In: *16 Cole*, Campinas: ALB, 2007.

Esta obra foi composta em CTcP
Capa: Supremo 250g – Miolo: Pólen Soft 80g
Impressão e acabamento
Gráfica e Editora Santuário